W0238204

WANDERLAND SCHWEIZ

VIA ALPINA

GUIDO GISLER

WANDERLAND SCHWEIZ

VIA ALPINA

AT VERLAG

Herausgeber:
Schweizer Wanderwege
Monbijoustrasse 61
Postfach
3000 Bern 23
www.wandern.ch

Umschlagbild: Christof Sonderegger, Fotos Inhalt: Guido Gisler
Kartenausschnitte: Kartographie und Grafik Schlaich, Geislingen
Lithos: Vogt-Schild Druck, Derendingen
Druck und Bindearbeiten: AZ Druck und Datentechnik, Kempten
Printed in Germany

ISBN 978-3-03800-368-7

www.at-verlag.ch

Wanderland Schweiz

Liebe Wandernde

Die Schweizer Wanderwege und ihre kantonalen Wanderweg-Fachorganisationen heissen Sie im «Wanderland Schweiz» herzlich willkommen. Sie präsentieren Ihnen eine Auswahl der schönsten nationalen und regionalen Wanderrouten, die auch Ihr Wanderherz höher schlagen lassen werden – denn was gibt es Schöneres und Erholsameres, als zu Fuss Natur und Kultur der Schweiz zu entdecken? Egal ob Mehrtageswanderung oder kurze Tagestouren, die Auswahl ist riesig und deckt die ganze Vielfalt der Wandermöglichkeiten in der Schweiz ab.

Die Schweizer Wanderwege, die seit 1934 die Dachorganisation der kantonalen Wanderweg-Fachorganisation bilden, setzen sich für ein attraktives, flächendeckendes und sicheres Wanderwegnetz in der Schweiz und im Fürstentum Liechtenstein ein, welches einheitlich und lückenlos signalisiert ist. Mittlerweile erstreckt sich dieses Netz über mehr als 60 000 Kilometer. Im Rahmen des Netzwerks von SchweizMobil haben die Schweizer Wanderwege daraus, zusammen mit kantonalen Behörden und Partnern aus dem Tourismus, die schönsten nationalen und regionalen Wanderrouten ausgewählt und in ein Netz von über 460 Serviceorten eingebettet. Diese Serviceorte verfügen über Anschlüsse an den öffentlichen Verkehr und bieten einen einheitlichen Standard bezüglich Serviceleistungen für Wandernde, wie Unterkunfts-, Verpflegungs- und Einkaufsmöglichkeiten. Zudem dienen die Serviceorte der Verknüpfung mit anderen Formen der aktiven Erholungs- und Freizeitgestaltung, wie Velofahren, Mountainbiken, Skaten und Kanufahren. All diese Mobilitätsformen haben auf den Wegweisern eigene, einheitlich gestaltete Routenfelder. Die nationalen Routen sind mit einstelligen, die regionalen Routen mit zweistelligen Nummern markiert. Aus diesem Grund wurden die klassischen gelben Wegweiser für die Wanderrouten des «Wanderlands Schweiz» neu mit zusätzlichen gelben Wegweisern mit einem grünen Routenfeld ergänzt.

Weil es nicht nur Ruhe und Erholung vom hektischen Alltag bietet, sondern gleichzeitig zur Gesundheit beiträgt, hat Wandern in den letzten Jahren eine Renaissance erlebt. Mit den neuen Serviceleistungen des «Wanderlandes Schweiz» wird Wandern noch einfacher – die ganze Bevölkerung wird damit zum Wandern animiert.

Die Schweizer Wanderwege freuen sich, sich als kompetenter und zuverlässiger Partner für alle Belange des Wanderns und der Wanderwege einzusetzen und Ihnen, liebe Wandernde, einmalige, unvergessliche Wanderausflüge zu ermöglichen.

Schweizer Wanderwege – wegweisend für ihre Wanderausflüge!

Schweizer Wanderwege
Suisse Rando
Sentieri Svizzeri
Sendas Svizras

Eine Entdeckungsreise auf 5000 Kilometer Wanderwegen in den Alpen

Die nationale Route 1 Via Alpina ist Teil des Fernwanderwegnetzes Via Alpina, das Monaco an der Côte d'Azur mit Triest an der Adria verbindet. Die über 5000 Kilometer Wanderwege – aufgeteilt in 5 Routen und 341 Tagesetappen – erschliessen nicht nur eine atemberaubende alpine Bergwelt, sie verbinden auch unterschiedliche Lebens-, Kultur- und Naturräume und machen Wanderungen im grössten europäischen Naturraum zu einer ganz besonderen Entdeckungsreise.

Auf bestehenden Wanderwegen durchquert die Via Alpina ein einzigartiges alpines Gebiet, den grössten europäischen Naturraum, der sich über acht Alpenstaaten – Frankreich, Italien, Monaco, Schweiz, Liechtenstein, Deutschland, Österreich und Slowenien – erstreckt. Die Via Alpina steht aber auch für vielfältige Kultur- und Landschaftsräume mit einer riesigen Anzahl verschiedener Tier- und Pflanzenarten, für Geschichte, Zusammengehörigkeit und Frieden, für Tradition und kulinarische Genüsse.

Via Alpina – ein europäisches Projekt

Initiiert durch den französischen Verein La Grande Traversée des Alpes, GTA, wurde das Projekt durch Institutionen, Vereinigungen und Tourismusverbände aus den acht Alpenstaaten, darunter den Schweizer Wanderwegen, umgesetzt. Die Via Alpina ist ein von der EU gefördertes Projekt zur Unterstützung strukturschwacher Regionen und zur Förderung der alpinen Identität. Die Streckenführung berücksichtigt deshalb zahlreiche politische, umweltrelevante und touristische Aspekte. Die Via Alpina unterstreicht mit ihren über sechzig Grenzübertritten die gemeinsame alpine Identität der acht Alpenstaaten. Darüber hinaus rückt sie die Bedeutung der Alpen nicht nur für den Tourismus, sondern auch als gefährdeter grösster europäischer Naturraum ins Bewusstsein. Finanziert wurde das Projekt durch den Europäischen Fonds für Regionale Entwicklung sowie Finanzhilfen des Bundes, der Gemeinschaftsinitiative zur Zusammenarbeit auf dem Gebiet der Raumplanung Interreg IIIB, der Kantone und der Schweizer Wanderwege.

Auf bekannten Wanderwegen quer durch die Alpen

Die Wanderwege der Via Alpina bewegen sich meist zwischen 1000 und 3000 Metern über Meer und sind grundsätzlich von Anfang Juli bis Mitte September, tiefer gelegene Teilstrecken natürlich während eines viel längeren Zeitraums begehbar. Die Route weist überall einen mittleren Schwierigkeitsgrad auf, meidet Kletterpassagen und Gletscherüberquerungen. Sie besteht aus bereits bekannten und markierten Wanderwegen, die zusätzlich mit dem Logo der Via Alpina beschildert wurden. Am Ziel jeder Tages-

Monaco, einer der Endpunkte der Via Alpina

etappe finden Wanderinnen und Wanderer Übernachtungs- und Verpflegungsmöglichkeiten, und entlang der Strecke sind in regelmässigen Abständen Lebensmittelgeschäfte und andere Dienstleistungen erreichbar.

Die Via Alpina in der Schweiz

Die rote Route der Via Alpina ist das eigentliche Rückgrat des Fernwanderwegs. Mit insgesamt 161 Etappen durchquert sie als einzige der fünf Routen alle acht Alpenstaaten. In der Schweiz beginnt sie an der Grenze zum Fürstentum Liechtenstein, durchquert das Unter- und Oberengadin, das nördliche Tessin, das Rhonetal und das Berner Oberland, um schliesslich im Unterwallis über den Grossen Sankt Bernhard die Schweiz zu verlassen.

Die grüne Route verläuft in 14 Etappen von Vaduz über zahlreiche Alpenpässe bis zum Trüttlisbergpass in der Nähe von Lenk. Von Adelboden bis auf den Trüttlisbergpass verlaufen die grüne und die rote Route parallel. Vom Trüttlisbergpass gelangt man entweder auf der roten Route nach Lauenen, dem nächsten Etappenziel auf dem Weg Richtung Monaco, oder auf dem Zubringer der Via Alpina in vier Etappen nach Montreux.

Via Alpina
Entdecke die Alpen!

Deutschland
München
Bregenz
Liechtenstein
Zugspitze
Innsbruck
Vaduz
Schweiz
Chur
Bozen
Bern
Bernina
Jungfrau
Lausanne
Marmola
Trento
Bellinzona
Sion
Aoste
Mt Blanc
Lyon
Milano
Grenoble
Torino
Italien
M. Viso
Genova
Frankreich
Monaco
Marseille

Die Via Alpina im Überblick

Die Via Alpina besteht aus 5 Teilstrecken mit insgesamt 342 Etappen und rund 5000 Kilometer Wanderwegen.

Roter Weg: 161 Etappen
Verbindungsweg Triest–Monaco
durch 8 Staaten

Violetter Weg: 66 Etappen
durch Slowenien, Österreich
und Deutschland

Gelber Weg: 40 Etappen
durch Italien, Österreich und
Deutschland

Grüner Weg: 14 Etappen
durch Liechtenstein und die Schweiz

Blauer Weg: 61 Etappen
durch die Schweiz, Italien und
Frankreich

Informationen
www.via-alpina.org

Wanderland Schweiz

Nationale Routen in Zahlen

1 Via Alpina

370 km
19 Etappen
24 400 Höhenmeter

2 Trans Swiss Trail

460 km
30 Etappen
16 500 Höhenmeter

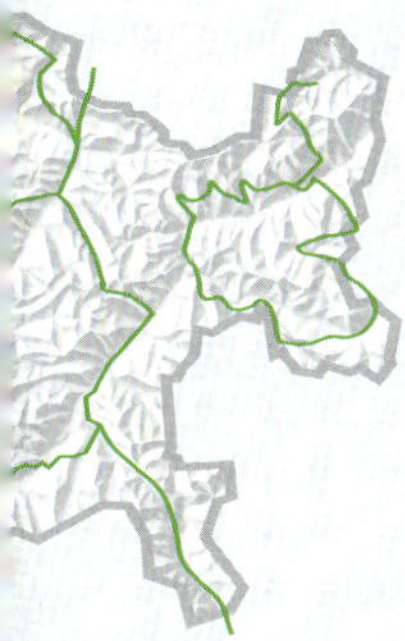

3 Alpenpanoramaweg
510 km
30 Etappen
18 500 Höhenmeter

4 ViaJacobi
725 km
35 Etappen
19 800 Höhenmeter

SwissTrails

Die nationalen Routen sind individuell buchbar (Unterkunft und Gepäcktransport) unter www.swisstrails.ch
oder Tel. +41 (0)44 450 24 34

5 Jura-Höhenweg
310 km
15 Etappen
13 800 Höhenmeter

6 Alpenpässeweg
600 km
34 Etappen
39 600 Höhenmeter

Regionale Routen in Zahlen

Die Bände 7–9 bieten eine Auswahl der schönsten regionalen Routen (in der Karte feine grüne Linien). Mehr dazu: www.wanderland.ch.

7 Highlights Kulturwege Schweiz
7 Routen in 41 Etappen

8 Highlights West
19 Routen in 67 Etappen

9 Highlights Ost
18 Routen in 68 Etappen

Die Angabe der Höhenmeter bezieht sich jeweils auf die in den Bänden vorgeschlagene Gehrichtung.

SchweizMobil

Aktiv die Schweiz erleben

Die Schweiz ist ein Naturparadies für Aktive – und mit SchweizMobil können Sie die schönsten Touren in der Schweiz entdecken. Sie führen durch alle Landesteile und passen für jeden Geschmack.

Informieren Sie sich im Internet über die Routen, die Anreise mit dem öffentlichen Verkehr, die Etappenziele und Gasthäuser, die Routenführer oder über die buchbaren Angebote.

Geniessen Sie die Schweiz auf attraktiven Wegen.

Wanderland Schweiz

Durch weite Wälder, tiefe Täler, über aussichtsreiche Kreten und hinter den Horizont: SchweizMobil hat aus dem weltberühmten Wanderwegnetz der Schweiz die schönsten Routen gepickt, insgesamt 6300 Wanderkilometer – the very best of Switzerland.

Veloland Schweiz

Es gibt die Velowanderer, die es gern gemütlich nehmen. Und die Sportler, die ihr Limit suchen. Ob beschaulich oder rasant, stunden- oder tagelang: Die 8500 Velokilometer von SchweizMobil sind abwechslungsreich genug für jeden Geschmack.

Mountainbikeland Schweiz

Die Stollen greifen, die Schwerkraft spielt, die Muskeln brennen und die Natur präsentiert sich immer wieder von neuem: überraschend, überwältigend, grossartig. Für die grenzenlose Freiheit empfiehlt SchweizMobil 3300 Mountainbike-Kilometer vom Feinsten.

Skatingland Schweiz

Der beschwingte Tanz auf Rollen geht weiter, immer weiter um malerische Seen, entlang angenehm abfallender Fluss ufer und über endlose Ebenen. Das sind die 1000 Skatingkilometer von SchweizMobil zum Geniessen.

Kanuland Schweiz

Das Leben ist im Fluss, ganz besonders bei einer Fahrt mit dem Kanu oder dem Raft auf einem der herrlichen Wasserläufe. Für den Aufbruch zu neuen Ufern rät SchweizMobil zu 330 Kanukilometern auf idyllischen Flüssen und pittoresken Seen.

www.schweizmobil.ch
www.wanderland.ch
1 Via Alpina
37 Berner Voralpenweg
www.veloland.ch
9 Seen-Route
38 Luzerner Hinterland Rigi
www.mountainbikeland.ch
2 Panorama Bike
44 Chasseral Weissenstein Bike
www.skatingland.ch
3 Mittelland Skate
66 Zentralschweiz Skate
www.kanuland.ch

Wir heissen Sie willkommen

Viele Hotels, Campingplätze, Privatzimmer, Jugendherbergen und Bauernhöfe haben das Qualitätslabel der Stiftung SchweizMobil erhalten. Sie haben sich dafür verpflichtet, auf die Wünsche der Wandernden in besonderem Masse einzugehen:

- Übernachtung auch für eine Nacht
- Wasch- und Trocknungsmöglichkeiten für Kleidung und Ausrüstung
- Bade-/Duschmöglichkeit im Zimmer oder im Betrieb
- Auskünfte über Angebote im Wanderland Schweiz
- Abgabe von Prospekten zum lokalen touristischen Angebot

Wanderfreundliche Betriebe sind im Führer «SchweizMobil, Übernachten» (Werd Verlag) mit den wichtigsten Leistungsmerkmalen vorgestellt.

LAND
Kreuzlingen Schaffhausen
2056

Die wanderfreundlichen Betriebe können Sie mit BeeTagg auch über Ihr Mobiltelefon abfragen. Siehe auch folgende Seite sowie BeeTagg-Liste am Schluss des Buches.

In der Schweiz kann Wasser von öffentlichen Brunnen bedenkenlos getrunken werden; wenn nicht, warnt Sie ein entsprechendes Schild.

Wanderfreundliche Betriebe erkennen Sie am Qualitätslabel SchweizMobil.

Dieser Führer ist im Buchhandel oder bei www.wanderland.ch erhältlich.

Informationen über Ihr Mobiltelefon

Mobile Tagging mit BeeTagg liefert Ihnen Informationen auf Ihr Mobiltelefon. Mit der Kamera des Mobiltelefons lesen Sie den BeeTagg-Code ein und rufen damit über das Internet Service-Informationen zu den Etappen ab. Dies sind insbesondere aktuelle Informationen zum Übernachtungsangebot, das Sie zudem auf einer kleinen Karte lokalisieren können. Die Kosten einer Abfrage richten sich nach den Tarifen Ihres Providers für den Datentransfer.

Für diesen Service benötigen Sie ein Mobiltelefon mit Kamera (Liste der kompatiblen Mobiltelefone unter www.beetagg.com) und den kostenlosen «BeeTagg-Reader».

Wenn der BeeTagg-Reader noch nicht auf Ihrem Mobiltelefon verfügbar ist, müssen Sie ihn einmalig installieren. Das ist einfach und geht schnell:

Schritt 1: Senden Sie eine SMS mit Text «bee» an 989 oder surfen Sie mit Ihrem Handy auf http://get.beetagg.com.

Schritt 2: Folgen Sie den Anweisungen, um den BeeTagg-Reader zu installieren.

Schritt 3: Starten Sie den BeeTagg-Reader und lesen den gewünschten BeeTagg mit der Kamera ein.

Die Routenfelder sind für das Wandern grün, für das Velofahren hellblau, für das Mountainbiken ocker und für das Skaten violett. Diese Farben werden auch für die Darstellung der Routen z.B. auf Informationstafeln oder im Internet genutzt.
Fehlen Wegweiser oder sind sie beschädigt, nutzen Sie bitte unser Feedback-Formular unter www.wanderland.ch. Wir danken Ihnen für Ihre Unterstützung.

Achtung: Aus der roten und gelben Wegweisung kann kein erhöhter Haftungsanspruch abgeleitet werden.

Die Wegweiser von SchweizMobil

Die Wegweiser sind in der Schweiz nach Farben geordnet: Rot steht je nach Mobilitätspiktogramm für Velo-, Mountainbike- und Skatingrouten und Gelb für Wanderwege.
Auf den Wegweisern sind die Routen von SchweizMobil mit einem einheitlichen System von Routenfeldern mit Nummern gekennzeichnet. Einstellige Nummern stehen für nationale Routen, zweistellige für regionale Routen.

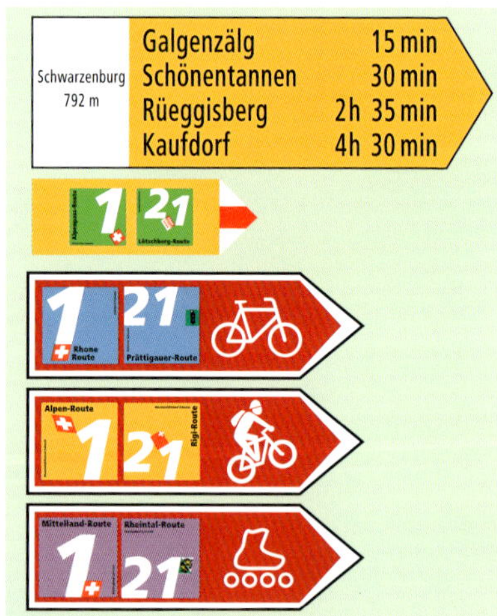

Für Gutes, das
von oben kommt.
coop

Generelle Signalisierung des Wanderwegnetzes in der Schweiz

Wanderwege verlaufen vorwiegend abseits von Strassen mit motorisiertem Verkehr und weisen möglichst keine Asphalt- oder Betonbeläge auf. Sie stellen keine besonderen Anforderungen an die BenützerInnen.

Gelbe Wegweiser informieren über Standorte, Wanderziele und Gehzeiten (Pausen nicht eingerechnet).

Gelbe Rhomben bestätigen den Verlauf des Wanderwegs. Gelbe Richtungspfeile geben Klarheit über den einzuschlagenden Weg.

Bergwanderwege erschliessen teilweise unwegsames Gelände und verlaufen überwiegend steil, schmal und teilweise exponiert. BenützerInnen müssen trittsicher, schwindelfrei, in guter körperlicher Verfassung und bergerfahren sein. Feste Schuhe, eine der Witterung entsprechende Ausrüstung und topografische Karten werden vorausgesetzt.

Gelbe Wegweiser mit weiss-rot-weisser Spitze informieren über Standorte, Wanderziele und Gehzeiten (Pausen nicht eingerechnet).

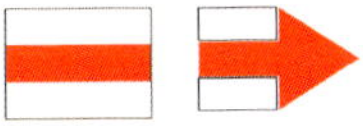

Weiss-rot-weisse Farbstriche bestätigen den Verlauf des Wanderwegs. Weiss-rot-weisse Richtungspfeile geben Klarheit über den einzuschlagenden Weg.

Alpinwanderwege sind schwierige Bergwanderwege und führen teils über Gletscher und durch Fels mit kurzen Kletterstellen. Bauliche Vorkehrungen können nicht vorausgesetzt werden. BenützerInnen müssen trittsicher, schwindelfrei und in sehr guter körperlicher Verfassung sein. Alpine Erfahrung und entsprechende Ausrüstung werden vorausgesetzt.

Blaue Wegweiser mit weiss-blau-weisser Spitze informieren über Standorte, Wanderziele und Gehzeiten (Pausen nicht eingerechnet).

Weiss-blau-weisse Farbstriche bestätigen den Verlauf des Alpinwanderwegs. Weiss-blau-weisse Richtungspfeile geben Klarheit über den einzuschlagenden Weg.

Die Informationstafel Alpinwanderweg weist am Weganfang auf die besonderen Anforderungen hin.

Zusätzliche Signalisierung der Wanderrouten im «Wanderland Schweiz»

Diese Routen erfüllen hohe Qualitätsanforderungen (Qualitätsziele der Wanderwege Schweiz) und heben sich qualitativ deutlich vom übrigen Wanderwegnetz ab.

Internationale Fernwanderrouten sind, soweit möglich, Bestandteil der nationalen Routen von Wanderland Schweiz. Dort, wo internationale Fernwanderrouten über nationale Routen geführt werden, wird das Routenfeld durch einen blauen Winkel ergänzt.

Nationale Routen durchqueren einen Grossteil der Schweiz, und ihre Ausgangspunkte und Ziele liegen meist im grenznahen Bereich. Sie werden mit einem Routenfeld und einer einstelligen Nummer signalisiert.

Regionale Routen führen durch mehrere Kantone und werden mit einem Routenfeld sowie einer zweistelligen Nummer signalisiert.

Lokale Routen sind örtlich besonders attraktive Wanderwege und werden mit einem Routenfeld sowie einem Namen oder einem Logo signalisiert.

In der Schweiz sind Wanderwege manchmal gemeinsam mit Mountainbikerouten signalisiert. Gegenseitige Rücksichtsnahme ist eine gute Voraussetzung für die gemeinsame Wegbenützung.

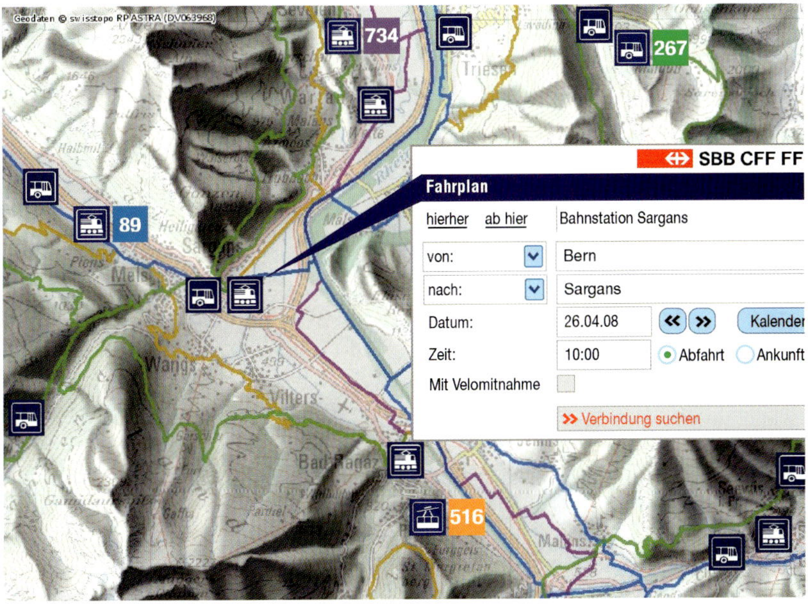

Bahn, Bus und Schiff

Der öffentliche Verkehr erschliesst das Wanderland im Taktfahrplan. Nutzen Sie diesen Vorteil:

1. zur Anreise an den Ausgangsort und zur Heimreise
2. zum Verkürzen einer langen Tagesetappe oder weil es zu regnen beginnt
3. zur Abwechslung, kombinieren Sie eine Wanderung mit einem Schiffsausflug
4. zum Überwinden grösserer Höhendifferenzen
5. zum Überwinden weniger attraktiver Strecken

Für die Punkte 3 bis 5 hat SchweizMobil für Sie Vorschläge zur Nutzung des öffentlichen Verkehrs gemacht und diese nummeriert. Diese Nummern stehen auf einem grünen Feld und sind mit dem Signet der jeweiligen Transportmittel kombiniert, zum Beispiel mit dem Symbol für ein Postauto.

In diesem Routenführer finden Sie diese Signete, insbesondere zur Abkürzung von langen Etappen, bei den Routenbeschreibungen. Alle dazu gehörenden Fahrpläne und Reservationsnummern finden Sie unter www.wanderland.ch (siehe Abbildung oben).

Die im Buch angegebenen Wanderzeiten wurden mit Hilfe eines Geografischen Informationssystems (GIS) berechnet. Aufgrund der Datengrundlagen sind sie eher grosszügig bemessen.

Via Alpina: Vielfalt auf dem Berg und im Tal

Die Via Alpina überquert im mittleren Anforderungsbereich 14 der schönsten Schweizer Alpen- und Voralpenpässe. Quer durch sechs Kantone der Schweiz erlebt der Wanderer eine überwältigende Vielfalt an Kultur, Geologie und Topografie. Stille Entspannungsoasen wechseln mit prosperierenden Touristenzentren. Breite Fahrstrassen enden in schwindelerregend luftigen Gratpfaden. Zudem ergibt sich eine einmalige Möglichkeit, die Schweizer Alpenkultur in all ihren Facetten kennenzulernen. Die topmoderne Alp mit Pipelines und Showroom liegt ebenso am Weg wie die Alphütte, wo Schweine, Ziegen und Kühe dem Älpler beim Käsen im Kupferchessi über dem offenen Feuer zusehen. Man wechselt vom gemütlichen Familienferienort zur mondänen Parfümmeile an teuren Gestaden. Eine weltweit einmalig vielfältige Flora und Fauna säumt den Weg. Verschiebungen, Überschiebungen, Senkungen und Felsabbrüche zeugen von der bewegten Erdgeschichte unseres Landes. Atemberaubende Panoramen wechseln mit kleinen Schönheiten am Wegesrand, und die Gastronomie hält für den Hungrigen vielseitige Schlemmereien bereit.

OSTSCHWEIZ

Für viele Berner hört die Schweiz in Winterthur auf. Die Ostschweiz ist für sie «Terra incognita», und der wahrhafte Endpunkt der Schweiz ist – gemäss einem Mani-Matter-Lied – Rorschach. Das sehen die Ostschweizerinnen und -schweizer natürlich anders. Schliesslich vertreten sie sechs Kantone (St. Gallen, Thurgau, Schaffhausen, Glarus, Appenzell Ausserrhoden und Innerrhoden) sowie als «zugewandten Ort» das Fürstentum Liechtenstein. Die Ostschweiz ist mit Recht stolz auf ihre gesunde Wirtschaftskraft, fühlt sich aber von Bundesbern des Öfteren benachteiligt. Ob dies auf die grosse Distanz zur Hauptstadt zurückzuführen ist?

Tatsächlich hat die Ostschweiz weit mehr zu bieten als Olma-Bratwürste und einen spitzen Dialekt. Zuallererst einmal eine sattgrüne Landschaft, in dessen Mitte der Alpstein thront. Blickt man vom Säntisgipfel in die Runde, so sieht man im Norden die abflachenden Hügelkuppen des Appenzellerlandes und den glitzernden Bodensee, im Westen das in Dunst gehüllte Mittelland, im Süden reihenweise Bergketten mit weissen

Gipfeln am Horizont und im Osten das Rheintal – also eigentlich die gesamte Ostschweiz. Eine solche Landschaft lädt geradezu zum Wandern ein. Für Berggewohnte führen unzählige Wege durch das Alpsteinmassiv, auf die sieben Churfirsten oder auf die hohen Gipfel der Glarner Alpen, für gemässigte Wanderer jede Menge Wanderwege durch die Wiesen und Wälder des Appenzeller- und St. Gallerlandes und für Genusswanderer zahllose Routen durch die Obstgärten des Thurgaus und an den Rheinfall von Schaffhausen.
Auch kulturell kann die Ostschweiz auftrumpfen, angefangen bei der Stadt St. Gallen, deren Klosterbezirk zum Unesco-Weltkulturerbe gehört und deren Stiftsbibliothek einen weltweiten Ruf geniesst, über barocke Klöster, wehrhafte Burgen, mittelalterliche Kleinstädte bis zu prachtvollen Schlössern, deren bekanntester Repräsentant das Schloss von Vaduz ist. Aber ebenso die kunstvoll bemalten Häuser im Appenzellerland, die urchige Volksmusik, die alten Bräuche, beispielsweise der Umgang der Silvesterkläuse in Urnäsch, die prachtvollen Alpaufzüge und die sorgsam gepflegte Volksmusik gehören zur lebendigen Kultur der Ostschweiz.

Die Perlen des Rheintals

Eine der schönsten Wanderrouten des Alpenbogens beginnt im reizvollen Fürstentum Liechtenstein, auf der sonnenverwöhnten Alp Gaflei unter den felsigen Drei Schwestern, die sich über Vaduz erheben und eine aussergewöhnliche Gratwanderung bieten. Vom 15 Meter hohen Steinaussichtsturm unterhalb von Gaflei offenbart sich das Rheintal und die Schweizer Alviergruppe. 400 Höhenmeter oberhalb von Vaduz stösst man in einer Waldlichtung auf das Wildschloss (Burgruine Schalun), das am Ende des 12. Jahrhunderts erbaut und bis ins 14. Jahrhundert genutzt wurde. Die Feuerstelle auf der Westseite bietet die Möglichkeit, die Aussicht mit einem gebratenen Spiessli zu geniessen.
Das berühmte Fürstenschloss thront majestätisch über dem Hauptort Vaduz, der kulturell, künstlerisch und kulinarisch viel zu bieten hat. Sonnige, kalkhaltige Hanglagen sorgen für gute Weintropfen im «Ländle». Auf einer gedeckten Holzbrücke bei Sevelen wird der Rhein zoll- und sorgenfrei überquert.

Das Rheintal bei Sargans

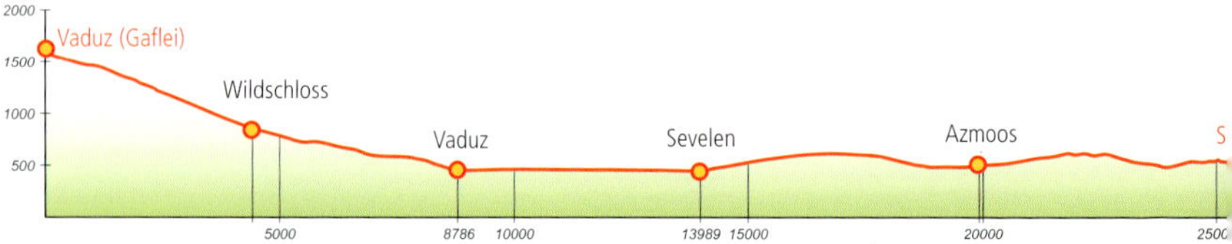

Die feuchten Schattenhänge erleichtern das Wandern in der Region Werdenberg und lassen viele Pilze spriessen. Bei genügend Zeitreserve lässt sich abseits der Route der lohnende Schluchtenweg durch das Geissbergtobel erkunden. Der Wartauer Sagenweg führt in alte Gruselgeschichten ein und trägt zur Abwechslung bei.
Das Restaurant Bergwerk in einem alten Stolleneingang der Eisenerzmine am Gonzen

bei Sargans bietet Einblick in die strenge Zeit des Bergbaus in unserem Land.
In Sargans selbst gibt es das Schloss mit Museum und die interessante Altstadt zu besichtigen.

Schloss Vaduz

Vaduz (Gaflei)		0:00	388	7 h 55 min
Wildschloss	1:35	1:35		26 km
Vaduz	1:20	2:55		620 m
Sevelen	1:15	4:10		1735 m
Azmoos	1:45	5:55		schwer
Sargans	2:00	7:55		238 T Montafon, 237 T Walenstadt

Im längsten Tal des Kantons St. Gallen

Das wirtschaftlich prosperierende Mels mit seinen vielen Einkaufszentren hat sich den intakten heimeligen Dorfkern erhalten. Das Gemeindegebiet umfasst 139 Quadratkilometer, erstreckt sich bis zum Pizol und ist 15-mal grösser als die Gemeinde Sargans. Ab jetzt ist Kondition für den ersten effizienten Aufstieg zum kleinen Bergweiler Vermol gefragt. Die Aussicht von hier oben bietet Sicht vom Falknis bis zum Gonzen, und zum ersten Mal tut sich der Blick auf ins langgezogene Weisstannental. Der Chapfensee, nur zehn Minuten westlich von hier, gehört unzertrennlich zu Vermol und dankt einen Abstecher mit einer farbigen Moorlandschaft, die jeden Naturfreund zum Schwärmen bringt.

Schon die Walser haben das Weisstannental entdeckt und sich hier niedergelassen.

Mit viel Weitsicht ins längste St. Galler Tal wird man auf dem Höhenweg am westlichen Hang belohnt. Das kleine Schwendi beherbergt einen Gasthof. In dessen idyllischem Forellenteich spiegeln sich die umliegenden Bergkämme. Der schattige Fichtenwald im Talgrund sorgt dafür, dass die Wanderer nicht allzu sehr ins Schwitzen kommen, und die rauschende Seez bringt zusätzliche Abkühlung. Der Weg tangiert hier die Fahrstrasse kaum.

Das kleine Weisstannen wird wiederbelebt. Die alte Sägerei am Dorfbach schneidet die Bäume wieder zu baugerechten Latten, und Kühe werden durch das gemütliche Bauerndörfchen getrieben. Im Hotel Gemse findet der Wanderer entspannende Schlafgelegenheiten. In dieser idyllischen Abgeschiedenheit vergeht auch die Zeit etwas gemächlicher.

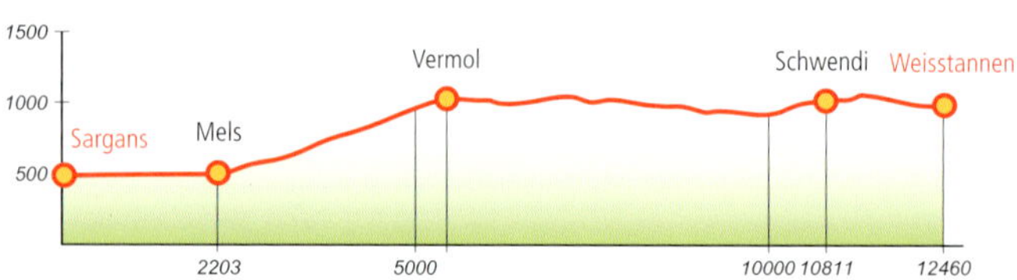

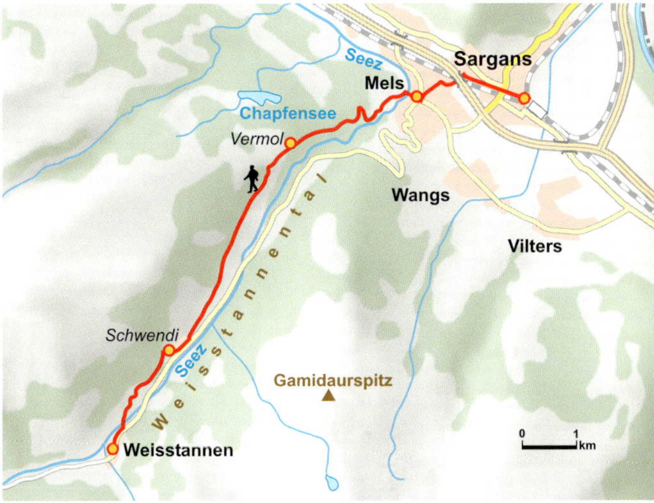

Mels

Weisstannen

Sargans		0:00	4 h 50 min
Mels	0:35	0:35	12,5 km
Vermol	1:45	2:20	940 m
Schwendi	2:00	4:20	440 m
Weisstannen	0:30	4:50	mittel
			237 T Walenstadt

Wasserfälle und moderne Alpen

Die Alp Siez gilt als eine der modernsten Alpen in der Schweiz. Von den Melkständen der umliegenden Alpen wird die Milch in Pipelines hierhergeführt und mit neuesten Anlagen im Schaukäsereibetrieb verarbeitet. Die vielen verschiedenen Produkte der Alp werden in der ganzen Schweiz verkauft.
Auf der östlichen Talseite, am Falinenstock, kann man bei Käse, Brot und Milch den dritthöchsten Wasserfall der Schweiz bei seinem tiefen Sturz ins Tal beobachten. Der neuangelegte Wegabschnitt in einem steilen Bergsturzgelände ist bei starkem Regen nicht zu empfehlen. Über der senkrechten

Alp Mittler Stafel

Foopass mit Blick ins Glarnerland

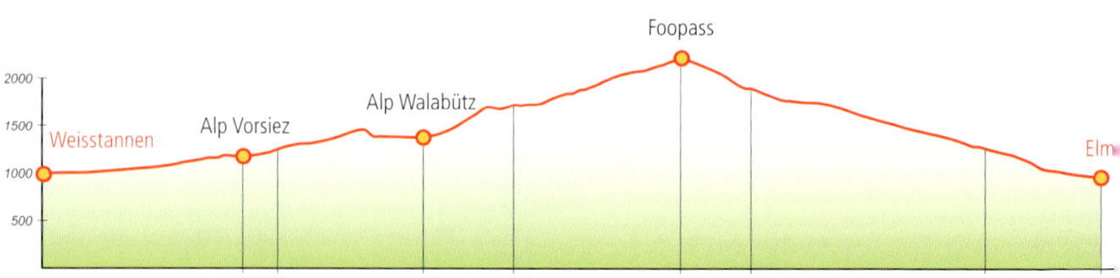

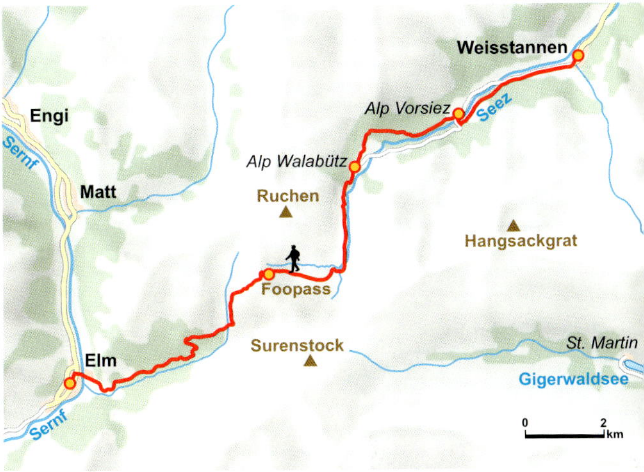

und engsten Felsstufe im Tal schweift der Blick zurück über das hintere Weisstannental. In dieser Gegend entdeckt man immer mehr schwarzen Schiefer, der an die Nähe der Glarner Berge erinnert.
Auf der Alp Foo befindet sich der letzte Brunnen vor dem steilen Passübergang ins Glarnerland. Der erste Übergang der Via Alpina öffnet den weiten Horizont, an dem sich Hausstock, Selbsanft und Tödi aufreihen. Auf der Raminer Alp sind die Wirtschaftsgebäude wie an einer Perlenkette übereinander versetzt aufgereiht, und ein Blick in die einfachen Alpgebäude zeigt die Käserei in einem modernen, geplättelten Raum.
Nach dem Abstieg über den Mittleren Stafel und die neue Holzbrücke verliert der Wanderweg rasch an Höhe und taucht in die typischen, tief eingefurchten Täler am Fuss des Glarner Vorabs. Elm beherbergt neben dem Suworowhaus noch etliche stattliche historische Gebäude in seinem Dorfkern, ebenso eine Schiefertafelfabrik. Schautafeln erläutern deren Vergangenheit.

Weisstannen		0:00	8 h 55 min
Alp Vorsiez	1:20	1:20	22,5 km
Alp Walabütz	1:25	2:45	1505 m
Foopass	3:05	5:50	1530 m
Elm	3:05	8:55	schwer
			247 T Sardona

Luftige Grate und farbige Flora

Langstafel im Durnachtal

Richetlipass

Elm ist unter anderem berühmt wegen des Martinslochs: ein Felsloch in den Tschingelhörnern, durch das der Elmer Kirchturm viermal im Jahr von der Sonne beschienen wird. Das gemütliche Dorf liegt inmitten des Geoparks mit der interessanten geologischen Gesteinsüberschiebungslinie an den Grenzbergen ins Bündner und St. Gallerland. Diese Hauptüberschiebung ist als Unesco-Weltnaturerbe angemeldet. Effizient steigt der Weg in abwechslungsreichem Landwirtschaftsgelände hoch zur Sonnenstube Ampächli, die auch mit der Bahn erreichbar ist. Der Höhenweg bis zur Erbsalp bietet Gelegenheit zum Studieren der Glarner Deckenüberschiebung an den Tschingelhörnern.

In den Südflanken des mächtigen Kärpfs muss der Wanderer in der Hitze das Getränk und die Kraft gut einteilen, denn es gibt während Stunden keine Einkehrmöglichkeiten mehr. Die Sonnenhänge entschädigen dafür mit reichhaltiger Flora und Fauna. Arnika, Männertreu und Edelweiss säumen den Weg bis zum Erbser Stock mit seinem eindrücklichen Gratzustieg. Hier weitet sich der Horizont und gibt den Ausblick zur

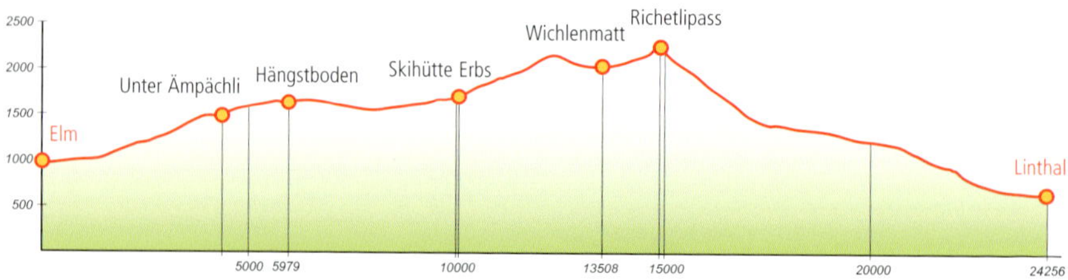

Wichlenalp mit dem verlandenden Wichelsee und zum Richetlipass frei. Das reizvolle farbenfrohe Hochmoor mit dem es umkränzenden schroffen Gipfelband gleicht einem riesigen Amphitheater. Beim Schlussaufstieg in bröckelndem Schiefer wird klar, wieso dieser Pass bei Regenwetter nicht zu empfehlen ist. Auch der Abstieg auf dem schmalen Weg über den steilen, ausgesetzten Grashang ins einsame Durnachtal erfordert trockene Verhältnisse.

Alp Wichlenmatt

Elm		0:00	202	10 h 20 min
Unter Ämpächli	2:05	2:05		24,3 km
Hängstboden	0:40	2:45		1745 m
Skihütte Erbs	1:20	4:05		2055 m
Wichlenmatt	1:55	6:00		schwer
Richetlipass	0:40	6:40		247 T Sardona, 246 T Klausenpass
Linthal	3:40	10:20		

Von der Sonnenterrasse zur grössten Schweizer Alp

Linthal sitzt inmitten des tiefsten Schweizer Taleinschnitts, des sogenannten Glarner «Zigerschlitzes». Zwischen schroffen Wänden und markanten Bergen wird die Kraft der Wasser, die hier von den Bergen stürzen, genutzt. Auf der westlichen Talseite gelangt der Wanderer im Schatten der Bäume zur Sonnenterrasse Braunwald. Hier findet man sanften Familien-, Sport- und Seniorentourismus. Für Sportliche sind drei anspruchsvolle Klettersteige eingerichtet. Oberhalb langgezogener Felsbänder führt ein Fahrsträsschen Wanderer, Biker oder die Pferdekutsche zum Aussichtsrestaurant Nussbühl. Berge von

Pferdekutsche in Braunwald

Rahm auf dem Kaffee und Berge am Horizont sorgen für sonnige Gemüter.
Der Urnerboden beginnt mit den Moorgebieten auf der südlichen Talseite entlang des Fätschbaches. Die grösste Schweizer Alp ernährt im Sommer bis zu 1200 Kühe und gehört zur Gemeinde Spiringen. Ganze 13 Kilometer reichen die grünen Alpwiesen hinein in den Kanton Glarus. Die Familie Walker versucht, dieses schöne Stück Erde

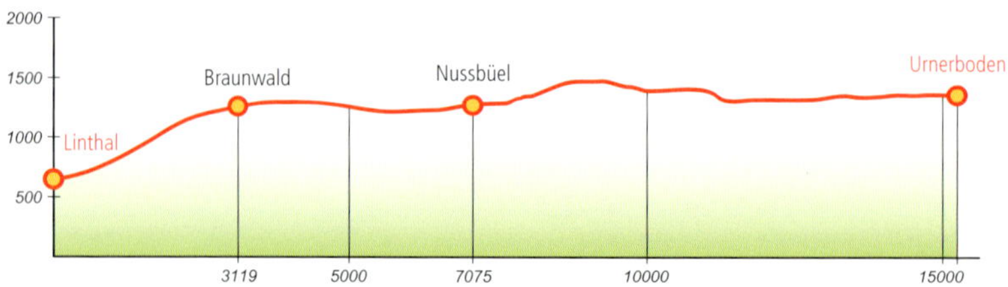

Urnerboden

auch im Winter noch am Leben zu erhalten. Da der Klausenpass jedoch geschlossen ist, erfolgt die gesamte Versorgung über die Glarner Seite. So sind die Urnerbodner – 40 Einwohner hat der Urnerboden noch – im Sommer ganz Urner und im Winter doch ein wenig Glarner.

Der Fisetengrat entwickelt sich übrigens zu einem beliebten Ausflugsziel, da man ihn seit Kurzem mit einer Luftseilbahn erreichen kann. Hier oben breiten sich die Gletscher von Gemsfairenstock, Clariden oder Tödi aus, und weit unten auf dem Hüfigletscher kann man vielleicht eine Flugzeuggletscherlandung beobachten.

Linthal		0:00	205 203	5 h 55 min
Braunwald	2:00	2:00		15,2 km
Nussbüel	1:10	3:10		1180 m
Urnerboden	2:45	5:55		465 m
				schwer
				246 T Klausenpass

ZENTRALSCHWEIZ

Wilde Krieger beherrschten lange Zeit das Herz der Schweiz. Mit grossem Stolz verteidigten sie die wunderschöne Landschaft rund um den Urnersee. Noch heute findet der Wanderer an vielen weltberühmten historischen Orten Spuren aus der Geburtszeit der Schweiz. Die Mannen unter der Flagge des Uristiers galten als äusserst wilde Krieger und beanspruchten die Alpen bis weit ins Glarnerland mit dem Urnerboden und bis nach Engelberg. Die Innerschweizer sind auch heute immer noch etwas distanziert gegenüber dem Unbekannten und Fremden, deshalb entwickelte sich der internationale Tourismus eigentlich nur zwischen Luzern und Engelberg mit dem vergletscherten Titlis und der berühmten Drehgondelbahn.

Göschenen und Andermatt erlebten die Blütezeit des ersten Tourismus mit der Eröffnung des Gotthardpasses und seiner Überquerung mit der Gotthardpost. Seit der Neuzeit werden sie vielfach nur noch als schöne Kulisse auf der Autobahn umfahren. Vielleicht verhelfen die Pläne eines ägyptischen Investors Andermatt zu neuem Aufschwung.

Die Zentralschweiz mit ihren vielen in Hügel und Gebirgslandschaften eingebetteten Seen und den gut erschlossenen Aussichtsbergen gilt als schönste Gegend der Welt. Der Wanderer findet Hunderte von abwechslungsreichen Routen, vom Kinderwagenweg bis zum schwindelerregenden Grat. Als absolute Highlights gelten das abgelegene Maderanertal mit dem Golzernsee oder das Göscheneralptal, wo einem die Kulisse des Dammastocks über dem tiefgrünen Göscheneralpsee schlichtweg die Sprache verschlägt. In solch abgelegenen Tälern in furchterregend steilen Bergflanken wird von älteren Bergbauern noch der traditionelle Wildheuet praktiziert.

Die Hütten des Schweizer Alpen-Clubs bieten hervorragende Gastlichkeit und verkürzen die Wege zu den vergletscherten, abgelegenen Dreitausendern. Postautos bringen die Besucher zu den grossen Alpenpässen, wo schöne Höhenwege an traditionellen Alpen vorbeiführen. Den Wanderer erwarten im Herzen der Schweiz bereichernde Begegnungen in urtümlicher Landschaft.

Alpentradition und Gletscherwelt

Entlang der Aufstiegsroute zum Klausenpass befinden sich an mehreren Orten Bienenboxen. Die fleissigen Pollensammler werden schon seit zehn Jahren von einem Luzerner Bienenzüchter mitten in dieser reichhaltigen Flora platziert, da die Bienen auf seinen mit Hagelnetzen geschützten Obstanlagen nicht ausfliegen können.

Unter dem Klausenpass hocken noch viele kleine, einfachste Alphütten in den Erdnischen und bieten interessante Einblicke in althergebrachtes Alpleben. Hier hängen die abgewetzten Käsetücher zum Trocknen noch an der frischen Luft. Seit 1948 kann der Klausenpass mit Auto und Motorrad erreicht werden. Er gilt als beliebtes Ausflugsziel mit einer traumhaften Rundsicht in die Urner und Glarner Bergwelt. Clariden, Schärhorn und Gross Windgällen bilden eine eindrückliche Kulisse hoch über der Pass-

Das Telldenkmal in Altdorf

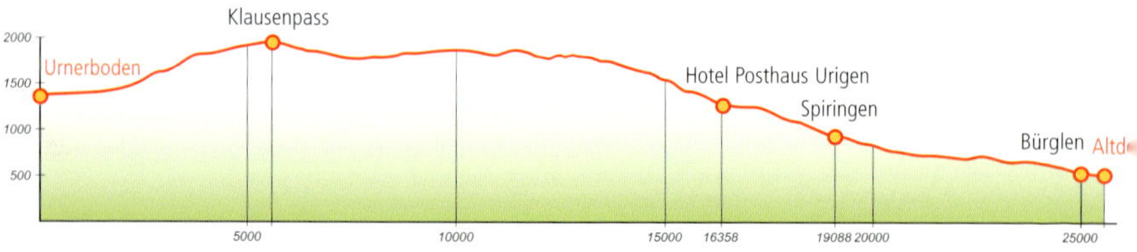

strasse, die sich vom Schächental hochschlängelt.
Unterhalb des pittoresken Hotels Klausenpass breiten sich hoch über der Strasse an der Südflanke des Ruosalper Chulms mehrere Alpen aus. Die Zentralschweizer Alpen vom Krönten bis zum Uri-Rotstock markieren den Horizont beim Abstieg nach Spiringen. So klein das Dorf ist, so gross ist das Gemeindegebiet: Es reicht über den gesamten Urnerboden. Der Ortskern von Bürglen mit seinem Wehrturm ist so historisch, dass man damit rechnet, Tell komme gleich um die Ecke. Auf dem Tell-Lehrpfad nach Altdorf werden die Unternehmungen des Nationalhelden erklärt. Viele Prachtbauten geben Zeugnis von Altdorfs bewegter Vergangenheit.

Heidmanegg mit Lägend Windgällen

Auf dem Schächentaler Höhenweg

Urnerboden		0:00	205	8 h 50 min
Klausenpass	2:25	2:25	204	25,5 km
Hotel Posthaus Urigen	3:35	6:00		1090 m
Spiringen	1:00	7:00		1930 m
Bürglen	1:40	8:40		schwer
Altdorf	0:10	8:50		246 T Klausenpass

Naturkundliche Höhenflüge

Alp Uf der Lauwi mit Titlis

Brüsti mit Brunnistock

Bei Attinghausen tummeln sich oft Kajakfahrer auf wildem Wellenritt in der Schächen. Ab hier steigt der Weg teilweise zwischen Natursteinmauern hoch zur Bergstation Brüsti, einem vielseitigen Pflanzenschutz- und Moorgebiet. Der naturkundliche Höhenweg schwingt sich kühn in Stufen über den Grat des Chraienhöreli und den Geissrücken. Der Surenenpass gilt als einer der beliebtesten Übergänge der Zentralschweiz.
Der dominierende Brunnistock wirft immer wieder Steine und Lawinen aus seinen schroffen Felswänden hinunter zum Wanderweg unterhalb des Surenenpasses. Es empfiehlt sich, seine Südflanke in grossem Bogen zu umgehen und den Berg im Auge zu behalten, besonders bei Gewittern und Frühlingsschnee, der hier lange liegen bleibt. Schon im Mittelalter überquerten die Urner den Surenenpass, um brandschatzend bis zum Engelberger Kloster vorzudringen. Da man die wilden Krieger nicht stoppen konnte, bekamen sie die Alprechte bis zum Alpenrösli bei Engelberg. Der schwarze Stier auf gelber Fahne begegnet dem Wanderer deshalb heute weit ins Engelbergertal.

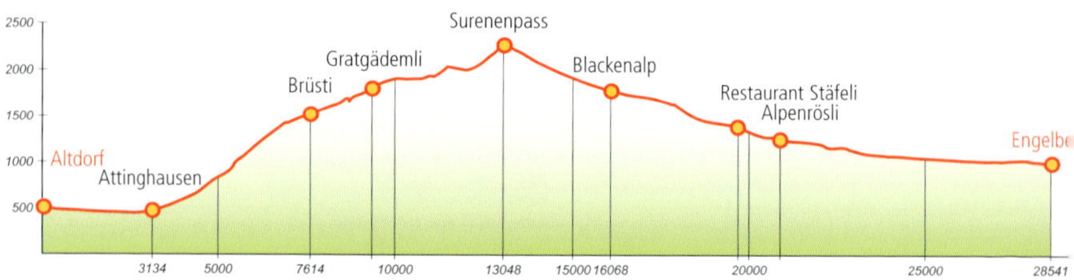

Auf der Blackenalp kann man sich verpflegen oder in der Kapelle eine Kerze entzünden, beeindruckt vom grossen Talkessel, der umrahmt ist von wuchtigen Felsbastionen. Beim Restaurant Alpenrösli beginnt der Kanton Obwalden mit dem Engelberger Gemeindegebiet. Ein schattiges Fahrsträsschen führt vorbei an der Fürenalp-Bahnstation durch das lange Tal nach Engelberg. Im Kloster wird in einer Schaukäserei die Alpmilch zum berühmten Klosterkäse verarbeitet.

Chraienhöreli

Altdorf		0:00		11 h 30 min
Attinghausen	0:45	0:45	362	28,5 km
Brüsti	3:15	4:00		2080 m
Gratgädemli	1:00	5:00		1595 m
Surenenpass	2:05	7:05		schwer
Blackenalp	1:05	8:10		246 T Klausenpass, 245 T Stans
Restaurant Stäfeli	1:05	9:15		
Alpenrösli	0:20	9:35		
Engelberg	1:55	11:30		

An den schönsten Voralpen-Bergseen

Hotelnamen wie «Europäischer Hof» zeugen vom internationalen Tourismus im Klosterdorf Engelberg, wo sich an schönen Tagen die ganze Welt trifft. Alle drängen sich zur Titlisbahn, die sich, einmal um die eigene Achse drehend, über dem Gletscher hinaufschwingt. Auf dem Titlis können die begeisterten Touristen dann mitten im Sommer eine Schneeballschlacht veranstalten.
Der Wanderer findet die ruhigeren Ecken etwas abseits der Bahn am Weg zum Trübsee. Nach dem Restaurant Gerschnialp windet sich der Weg bald in steilen, wild bewachsenen Serpentinen hoch zur Bahnstation Trübsee. In einem Gehege können Murmeltiere aus nächster Nähe bestaunt werden. Gleich in der Nähe werden zudem auf kleinen Schildern viele Alpenpflanzen vorgestellt. Gäbe es den Trübsee nicht, die Engelberger müssten ihn erfinden: An seinen schönen Gestaden wird gewandert, was das Zeug hält, und die umliegende Bergwelt spiegelt sich in seinem Wasser.
Westlich vom Jochpass breitet sich das Bernbiet mit der Engstlenalp aus. Tiefblau zeichnet sich der Engstlensee, einer der grössten Berner Bergseen, in der zerklüfteten Kalklandschaft ab. An den Sonnenhängen kann sich eine einmalig vielfältige Alpenflora mit Tausenden von Alpenrosen entwickeln. Das Hotel Engstlenalp konnte dank einer sanften Renovation seinen ursprünglichen Charme aus dem 19. Jahrhundert in die heutige Zeit hinüberretten. Hier kann man bei einer Übernachtung in Nostalgie schwelgen. Energie tankt man am Kraftort zwischen Hotel und See. Ruhe findet der gestresste Mensch beim Anblick der Fischer am Ufer.

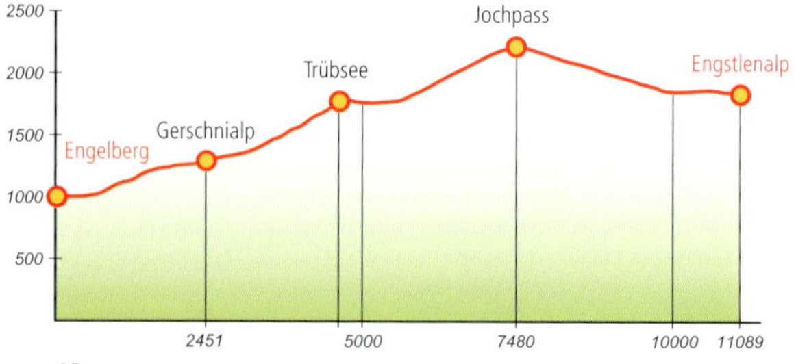

Engstlensee

Auf dem Jochpass

Engelberg		0:00	207	5 h 25 min
Gerschnialp	1:10	1:10		11,1 km
Trübsee	1:25	2:35	208	1285 m
Jochpass	1:45	4:20	208	455 m
Engstlenalp	1:05	5:25		schwer
				245 T Stans, 255 T Sustenpass

BERNER OBERLAND

Weltweit bekannt wurde das Berner Oberland mit seinen Anziehungspunkten Eiger, Mönch und Jungfrau und deren eindrücklich vergletscherten Nordflanken. Sie verhalfen dem Oberland zur besten touristischen Erschliessung der Schweiz unter anderem mit dem pionierhaften Ausbau des Jungfraujochs zur höchsten Bahnstation Europas. Trotzdem konnten sich die weltoffenen Zentren Grindelwald und Gstaad ihren heimeligen Charakter mit den vielen mit Holzschnitzereien geschmückten Holzchalets erhalten.
Ausgehend vom zentralen Thuner- und Brienzersee mit ihren historischen Schlössern verzweigen sich viele unterschiedliche Täler in Richtung Süden bis zu den höchsten Bergen. Der Wechsel von den sanften Hügellandschaften des Simmentals zu den steil abfallenden Flanken im Lauterbrunnental bietet auf engstem Raum eine unvergleichliche topografische Abwechslung für den Wanderer. Man teilt sich die Naturschönheiten entweder mit Tausenden Touristen – auf der Kleinen Scheidegg – oder nur mit den Gemsen – am Grossen Lohner. In Gstaad

trifft sich die ganze Welt auf der Parfümmeile, während man sich die Bahnen in Adelboden eher mit Schweizer Familien teilt. Einige der höchsten Wasserfälle der Schweiz stürzen sich hier im Oberland über steile Flanken, während in den Voralpenhügeln das Wasser den Boden moorig feucht hält. Viele felsige Passübergänge führen die Wandernden nahe an eine beeindruckende Gletscherwelt, und auf bekannten Hütten kommt man mit Alpinisten ins Gespräch. Erstaunlich ist, wie viele Alpen unweit der Touristenzentren die traditionellen Werte erhalten konnten.
Das Berner Oberland bietet so viele Ausflugs- und Wandermöglichkeiten, dass dazu ein Leben kaum ausreicht. Auch das kulinarische und kulturelle Angebot ist enorm vielfältig. Vom Beachvolleyball-Turnier bis zum Jodelfest reicht die Auswahl. Die gemütliche, trockene, aber aufgeschlossene Art der Berner Oberländer ermöglicht viele bereichernde Begegnungen. Eine Wanderung im Oberland bietet Erlebnis, Abwechslung und Erholung pur.

Wandeln auf dem Traumgrat

Bevor sich der gut gesicherte Weg an den Wänden der Spycherflue entlang hoch zur Tannalp hangelt, lohnt es sich, die spezielle Alpenflora an den steilen Grashängen zu beachten. Die Tannalp besteht aus einem Ensemble von Alpkäserei, Berggasthaus und Kapelle. Der Tannalpsee macht dieses Gebiet von Melchsee-Frutt aus zum Traumwanderziel. Das Highlight dieses Tagesabschnitts ist der Grat der Erzegg über die Balmeregg bis Planplatten – ein Wandern nah dem Himmel mit Wetterhorn, Mittelhorn und Rosenhorn im Fokus. Gegen Süden öffnet sich das gletscherüberzogene Triftgebiet.
Auf Planplatten sitzt der Alpentower der Meiringen-Hasliberg-Bahnen. Nicht ohne Grund, denn die Sicht von hier zum Brienzersee und nach Meiringen ist schlichtweg atemberaubend. Während des ganzen Abstiegs auf schmalen Wegen an der Bergkante lässt einen diese Fernsicht nicht los. Die Alp Oberegg bietet Gaumenfreuden aus Milcherzeugnissen. Dann schlängelt sich der Weg im Wald entlang dem Muggenstutz nach Reuti. Der Muggenstutz-Haslizwerg zeigt, wie man ein Gebiet erfolgreich vermarktet: Die meisten Kleinen kennen diesen Zwerg durch vier Kinderbücher, CDs und Kassetten.
Für die Erwachsenen befindet sich im Schrändli am steilen Abstieg nach Meiringen ein Skulpturengarten mit jährlich wechselnden Ausstellungen. Meiringen lieh der hier erfundenen beliebten Süssspeise aus gezuckertem Eischnee – Meringue – den

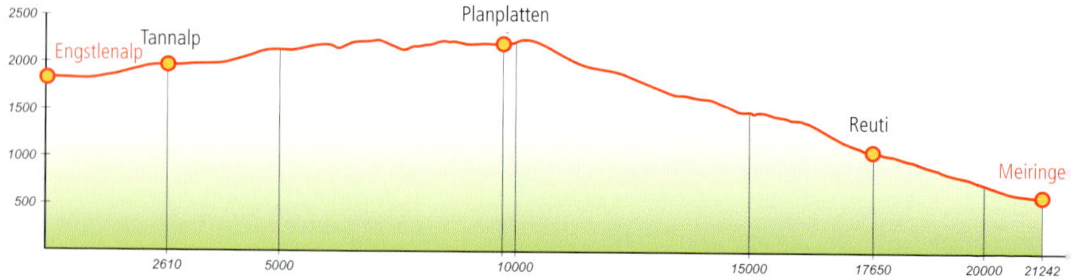

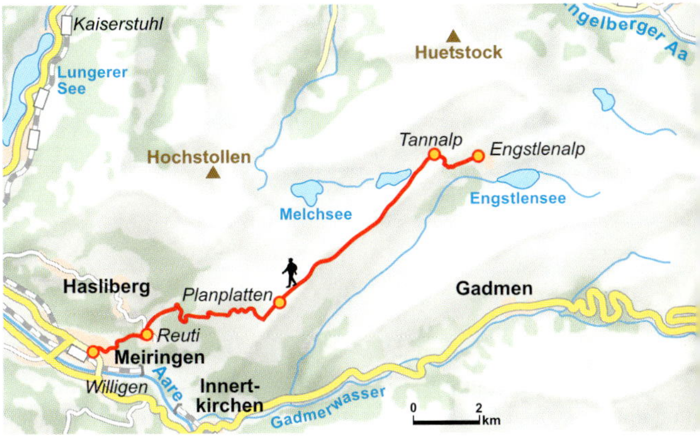

Erzegggrat mit Wetterhorngruppe

Hotel Engstlenalp

Namen. Es lebt inmitten wilder Wasser und zog mit der Aareschlucht und den Reichenbachfällen schon in früherer Zeit die Reisenden in seinen Bann.

Engstlenalp		0:00		7 h 55 min
Tannalp	0:55	0:55		21,2 km
Planplatten	2:55	3:50	209	890 m
Reuti	2:55	6:45		2120 m
Meiringen	1:10	7:55		schwer
				255 T Sustenpass

Fallende Wasser und mächtige Hörner

Blick zum Eiger

Grosse Scheidegg

Früh gelangt man zum ersten Höhepunkt des Anstiegs. Dem Pioniergeist unserer Vorfahren haben wir es zu verdanken, dass man heute von einer schwindelerregend ausgesetzten kleinen Plattform miterleben darf, wie sich die Wassermassen der Reichenbachfälle tosend in die Tiefe stürzen. Auch die bedrohlichen Felsen über dem Weg sind durchfeuchtet und mit glitzerndem Moos überzogen.

Das Gasthaus Zwirgi sitzt auf einer Anhöhe auf den Felsen über den Fällen und bietet einen der schönsten Tiefblicke nach Meiringen. Im erfrischenden Wald führt der Weg durchs Reichenbachtal bis zum grossen Talboden mit der häufig fotografierten Ansicht des Wetter- oder Engelhorns.

Anstelle der verschiedenen Autos vor dem nostalgischen Hotel Rosenlaui würde man eher Pferdekutschen erwarten. In diesem ehemaligen Prunkbau herrscht immer noch ein Hauch vom damaligen Pioniergeist und erstem Alpentourismus vor. Voller Ehrfurcht bewegt man sich in romantischen Sälen und knarrenden Schlafgemächern ohne fliessendes Wasser, wo schon Tolstoi, Nietzsche und Goethe wandelten. Die Rosenlaui-Gletscherschlucht, durch deren

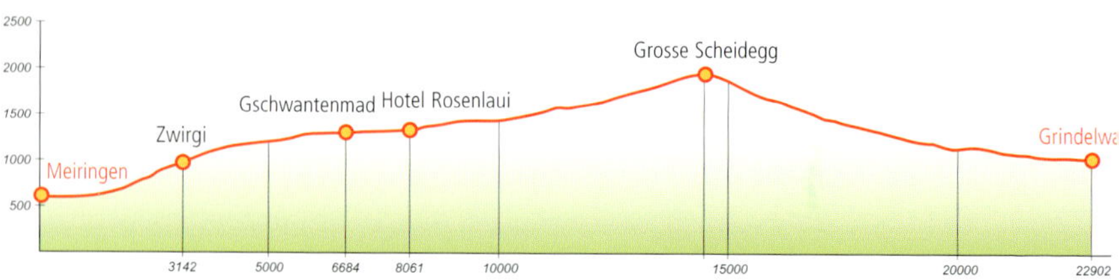

Oberländer Idylle

80 Meter hohe Felswände sich das Wasser vom Rosenlauigletscher hindurchzwängt, gilt als Naturdenkmal von nationaler Bedeutung.

Ab der Schwarzwaldalp werden die Bäume wilder und karger, und die Moorflächen auf dem Chalberboden mit ihren intensiven Farben immer grösser. Geissen und Kälber finden ihr Spiegelbild in mehreren kleinen Teichen. Für viele Rennvelofahrer und Bikerinnen gilt die Grosse Scheidegg als persönliche Herausforderung und als Erlebnis-Highlight.

Meiringen		0:00	210	8 h 30 min
Zwirgi	1:30	1:30		22,9 km
Gschwantenmad	1:25	2:55		1530 m
Hotel Rosenlaui	0:20	3:15		1095 m
Grosse Scheidegg	2:35	5:50	211	schwer
Grindelwald	2:40	8:30		255 T Sustenpass, 254 T Interlaken

Wandern unter weltberühmter Kulisse

Die Asiaten wissen längst, wo die Welt am schönsten ist. Wetterhorn, Schreckhorn, Eiger – ein gewaltiges Freiluftbühnenbild dominiert Grindelwald. Der traditionelle Holzchalet-Baustil wird hier noch gepflegt, und auf der Meile der Eitelkeiten flaniert zwischendurch auch mal ein Bauer mit seinem Heuladewagen. Über die Kleine Scheidegg führt ein breiter «Grüezi»-Weg. Hier sind viele Begegnungen mit anderen Wanderern die Regel, und so wird in allen Sprachen fleissig gegrüsst.

Die Brandegg bietet schönste Rundumsicht zu Speis und Trank. Bahnfreunden bieten sich viele Möglichkeiten, die nostalgischen Wagen der Jungfraubahn fotografisch festzuhalten.

Die Kleine Scheidegg, die ja eigentlich höher als die Grosse Scheidegg liegt, versammelt Reisende und Abenteurer aus der ganzen Welt. Die dunklen Holzbauten der Hotels zeugen von einer langen Tradition. Auf dem Bahnhof tummeln sich Geissen als Sujet für die Fotografen. Die weltberühmte Kulisse

Aufstieg bei Wärgistal

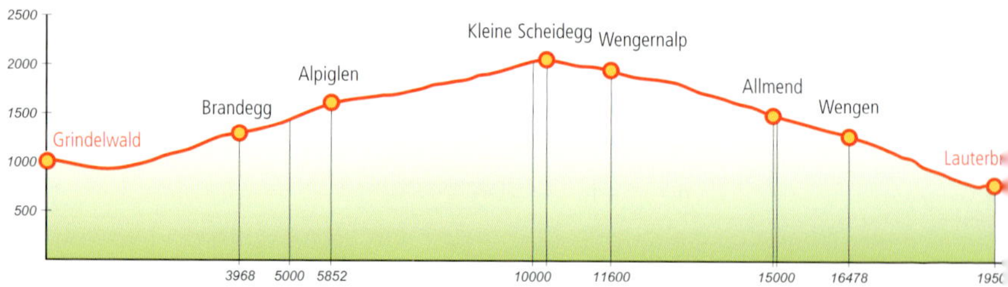

Kleine Scheidegg

von Eiger, Mönch und Jungfrau baut sich hier direkt vor einem auf. In der steilen Eiger-Nordwand können geübte Alpinisten keinen unbeobachteten Schritt gehen. Verständlich, dass man sich diesen weltberühmten Ort mit vielen anderen Schaulustigen teilt.

Wengen, bekannt durch sein Lauberhornrennen, hat im Sommer viel Gemütlichkeit zu bieten. Viele klassische Hotelbauten und Chalets fügen sich harmonisch in die sonnige Hangmulde ein. Den steilen, kurvenreichen Waldweg hinunter nach Lauterbrunnen mit seinen berühmten Staubbachfällen bewältigen die Läufer des Jungfraumarathons jeweils mehr oder weniger am Limit in umgekehrter Richtung.

Grindelwald		0:00	213	7 h 25 min
Brandegg	1:35	1:35		19,5 km
Alpiglen	0:55	2:30		1230 m
Kleine Scheidegg	1:50	4:20	212	1465 m
Wengernalp	0:20	4:40		schwer
Allmend	1:05	5:45		254 T Interlaken
Wengen	0:25	6:10		
Lauterbrunnen	1:15	7:25		

Auf den Spuren von James Bond

Der Wurzelweg von Lauterbrunnen nach Mürren beansprucht einiges an Kondition, doch irgendwie müssen die steilen Bergflanken ja überwunden werden. Belohnt wird man auf der Höhenterrasse des autofreien Mürren mit der Traumaussicht zu Eiger, Mönch und Jungfrau. Mürren und das Schilthorn wurden durch den James-Bond-Film «Im Geheimdienst Ihrer Majestät» weltberühmt. Trotzdem blieb Wengen das Traumziel der Reichen und Schönen. Mürren, das höchstgelegene bewohnte Dorf im Kanton Bern, bietet dafür die einsameren Alpen und weniger begangene Wanderwege. Die ehemalige Walsersiedlung erkennt man am Baustil alter Häuser.

Die Spielbodenalp scheint in ihrer Einfachheit von der weltberühmten Region entrückt zu sein. Frisch gestärkt kann der Wanderer die steile Rampe hinauf zum Bryndli mit der vielseitigen Flora unter die Füsse nehmen. Das breite Tal bis zur Rotstockhütte liegt im Schatten von Gspaltenhorn, Bütlasse und Schilthorn.

Die währschafte Rotstockhütte unterbricht den langen Aufstieg zur Sefinenfurgge. Der

Übergang ins hintere Kiental steilt sich zusehends auf und erfordert auf dem schmalen Weg gute Trittsicherheit. Es lohnt sich, von der Sefinenfurgge noch zu einer natürlichen Aussichtsplattform mit einer überwältigenden Sicht zur Blüemlisalp aufzusteigen. Holztreppen und Fixseile helfen, die steile Rinne auf der Nordwestseite zu überwinden. Beim Oberen Dürrenberg stürzt ein faszinierender Wasserfall über die bedrohliche Felsbarriere. Die Alp Bürgli versorgt den Besu-

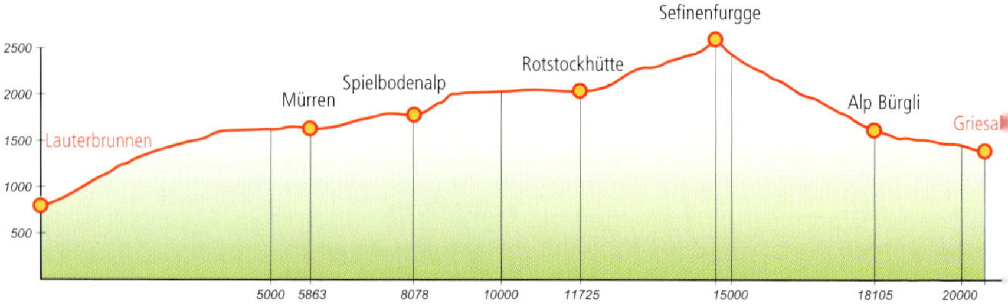

Aufstieg zur Sefinenfurgge

cher mit Geissmilch und weiteren Milchprodukten.

Gleich drei Berghäuser verwöhnen die Gäste auf der Griesalp: Das Golderli mit der Himalaya-Atmosphäre, das Naturfreundehaus mit dem speziell angefertigten Holzofen in der Küche und das Berghaus Griesalp mit dem grossen Saal.

Sefinenfurgge

Lauterbrunnen		0:00	216	10 h
Mürren	3:15	3:15		20,5 km
Spielbodenalp	0:55	4:10		2090 m
Rotstockhütte	1:30	5:40		1495 m
Sefinenfurgge	1:50	7:30		schwer
Alp Bürgli	1:45	9:15		254 T Interlaken, 264 T Jungfrau
Griesalp	0:45	10:00		

Achtung: Lange Etappe, beachten Sie die Übernachtungsmöglichkeiten in Mürren, www.muerren.ch und in der Rotstockhütte, www.rotstockhuette.ch.

Dem Gletscher so nah …

Blüemlisalphütte

Oeschinensee

Der Naturlehrpfad im Waldaufstieg von der Griesalp informiert über die lokale Flora und erreicht die Obere Bundalp, wo man seine Wasservorräte für den vielleicht heissen Aufstieg nochmals überprüfen sollte. Der Weg, der ab jetzt an steilen Flanken entlangführt, wird sehr viel begangen. Es lohnt sich, im Sommer die 1000 Höhenmeter von hier zum Hohtürli am frühen Morgen aufzusteigen, es sei denn, man möchte mittags um 2 Uhr den menschlichen Dramen beiwohnen, die sich in diesem Backofenaufstieg abspielen. Der Schlussaufstieg bis zum Hohtürli, dem mit 2778 Metern höchsten Punkt der Via Alpina, wird durch Holztreppen vereinfacht. Die 50 zusätzlichen Höhenmeter zur imposanten Blüemlisalphütte lohnen sich. Bier oder Tee trinkt man hier mit Alpinisten, die eben die eisgepanzerte Blüemlisalp bestiegen haben.
Der Weg zum Oeschinensee verliert nur langsam an Höhe, sodass man Blüemlisalp, Fründen- und Doldenhorn lange geniessen kann. Zwischen den Bergrestaurants Oberbärgli und Unterbärgli befinden sich einige

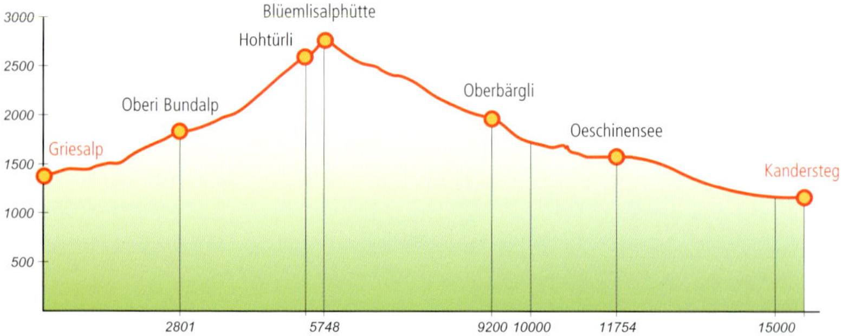

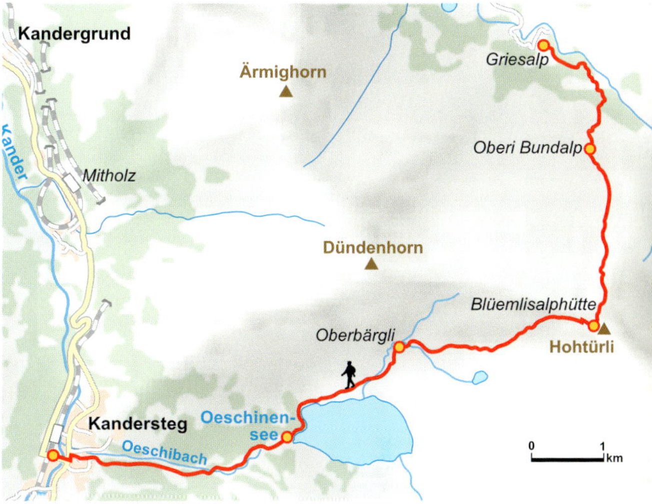

ausgesetzte, aber gut gesicherte Stufen. Ein Bergsturz liess mit dem Oeschinensee einen der schönsten Bergseen entstehen. Der tiefblaue See, dessen Wasser in Kandersteg getrunken wird, liegt eingebettet zwischen schroffsten Felswänden. Kandersteg versprüht mit seinen traditionellen Holzhäusern den Oberländer Charme.

Treppe beim Hohtürli

Griesalp		0:00		8 h 05 min
Oberi Bundalp	1:35	1:35		15,6 km
Hohtürli	2:30	4:05		1545 m
Blüemlisalphütte	0:10	4:15		1765 m
Oberbärgli	1:35	5:50		schwer
Oeschinensee	1:10	7:00	214	264 T Jungfrau,
Kandersteg	1:05	8:05		263 T Wildstrubel

Achtung: Lange Etappe, beachten Sie die Übernachtungsmöglichkeiten in der Blüemlisalphütte, www.bluemlisalphuette.com.

Auf Gemspirsch

Entlang der Kander kann man sich entspannend einlaufen. Nach einigem Höhengewinn steigt der Weg durch die faszinierende Schlucht des Alpbachs an. Die grosse Alp Usser Üschene wird begrenzt durch Lohner und Gällihorn. In engen Kehren überwindet der Weg die ausgesetzte Steilstufe zur Alp Alpschele, wo typische rot-weisse Simmentalerkühe die Emporkömmlinge bestaunen. Die Älplerfamilie stellt hier immer etwas Trinkbares für Gäste bereit.

Der Lohner beherbergt mehrere Gemsenkolonien, und so kann man die flinken Kletterer in den losen Felsen gut ausmachen. Sie treten massenweise Steine los und sind weit herum gut zu hören. Eigentlich verwunderlich, dass der Lohner noch steht – er besteht nur aus locker übereinandergeschichtetem Gestein, das ständig bröckelt. Ein Felsturm beim Passübergang gleicht sogar einem von Menschen aufgeschichteten Steinmann. Die faszinierende Felsformation der Bunder-

Bunderchrinde

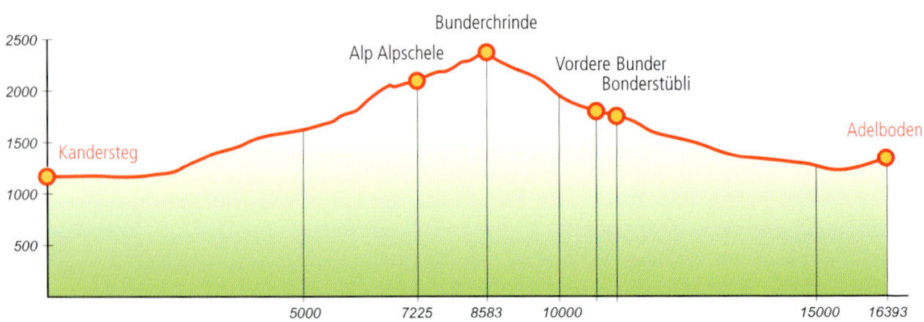

chrinde scheint wie herausgebissen. Die sichelähnliche Form zeichnet sich deutlich am Horizont ab und ist sogar von Adelboden her erkennbar.
In der Ferne glänzt derweil der Oeschinensee, zusammen mit Blüemlisalp, Fründenhorn und Doldenhorn. Im Südwesten recken sich Doldenhorn, Altels, Balmhorn und Rinderhorn mit ihren steilen Nordflanken in den Himmel.
Das Berghaus Bonderalp und das Bonderstübli beleben die Hochalp unter den steilen Lohnerflanken und pflegen mit weiteren Alpbetrieben die traditionelle Sennerei. Hier wird der Käse noch von Hand im Käsekessi hergestellt und die Käsetücher zum Trocknen in der Sonne aufgehängt.

Oben: Kandersteg
Unten: Blick nach Adelboden

Kandersteg		0:00	7 h 30 min
Alp Alpschele	3:35	3:35	16,4 km
Bunderchrinde	0:55	4:30	1430 m
Vordere Bunder	1:05	5:35	1260 m
Bonderstübli	0:10	5:45	schwer
Adelboden	1:45	7:30	263 T Wildstrubel

Im Modellsegelflug-Mekka

Adelboden, berühmt durch den Weltcup-slalom am Chuenisbärgli, setzt im Sommer auf Familientourismus. Das langgezogene Dorf an den Südosthängen des Gsür hat sein traditionelles Oberländer Dorfbild mit den Holzhäusern erhalten können. Beim gemütlichen Flanieren geniesst man die blumengeschmückten Balkone, originellen Dekorationen sowie die handgefertigten Holzschnitzereien, wie sie hier seit Jahrzehnten gepflegt werden. Und schmunzelt über den «Place of Fame» mit den in Stein gegossenen Fussabdrücken der Ski-Grössen, die in Adelboden gewonnen haben.

Viele kleine Moorgebiete mit reichhaltiger Flora säumen den Weg entlang der schäumenden Engstlige durchs gleichnamige Tal nach Geils hinauf. Hier lichtet sich der Wald, die Moorlandschaft erstreckt sich über die grosse, offene Geländemulde bis zum Hahnenmoospass. Beim Geilsbrüggli, dem Ausgangspunkt der Hahnenmoosbahn, findet man ein urchiges Gebäudeensemble zur Einkehr.

Der Hahnenmoospass trennte im 16. Jahrhundert das reformierte Adelboden vom katholischen Freiburgerland. Heute gilt er mit seiner guten Thermik als Paradies für die Modellsegelfliegerei. An manchen Wochenenden wird im alten Hotel gebastelt, was das Zeug hält, und die umliegenden Plätze sind von Flugzeugen belegt. Sechs Startgelände auf den benachbarten Hügeln ermöglichen Akrobatikflüge vor der Kulisse

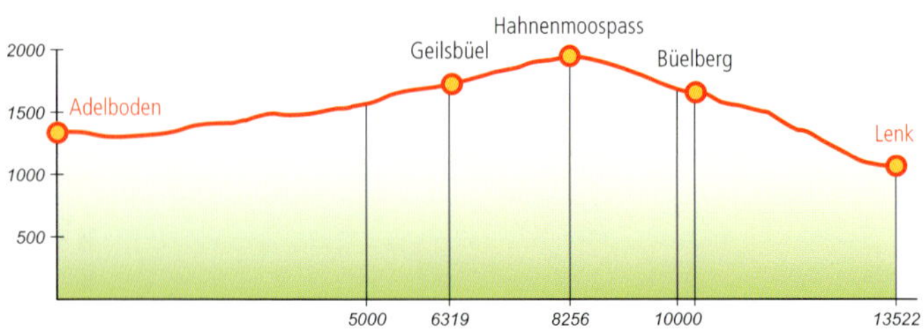

Büelberg

des Wildstrubels und des Plaine-Morte-Gletschers.

Die Feuchtzone erstreckt sich auf der Lenker Seite bis zum Restaurant Büelberg hinunter. Hier geniesst man die Sicht auf die Freiburger Alpen mit Les Diablerets und auf das Wistätthorn, das sich über Lenk aufbaut. Die Streusiedlungen am Sonnenhang bringen viel Abwechslung in den Abstieg nach Lenk.

Auf dem Hahnenmoospass

Adelboden		0:00	215	5 h 10 min
Geilsbüel	2:20	2:20	215	13,5 km
Hahnenmoospass	0:55	3:15		740 m
Büelberg	0:40	3:55	217	1020 m
Lenk	1:15	5:10		mittel
				263 T Wildstrubel

Im Reich der Luchse

Jedes Kind kennt Lenk. Dänk. Prägnant vermarktet sich das Dorf mit den stattlichen mehrstöckigen Holzhäusern. Diese haben mit ihren Schnitzereien und ihrem überbordenden Blumenschmuck eine herzliche Ausstrahlung. Musikakademie, Jazztage, Transa-Sommerfestival, Alpabfahrt, Hornussenturnier, Älplerfest – für Unterhaltung wird zuhinterst im Simmental gesorgt.
Der Aufstieg zum Berghaus Wallegg beinhaltet einige Stufen, die im dichten Wald am Bach und vorbei an einem naturnahen Teich viel Abwechslung bieten. Am Waldrand reihen sich die Büsten der bisherigen fünf Lenker Bergbahndirektoren, fein säuberlich in Holz geschnitzt, auf.
Unübersehbare Informationstafeln weisen darauf hin, dass man sich ab hier im Lebensraum einer Luchspopulation befindet. Auf der Oberen Lochbergalp lohnt sich ein Blick in die Alphütte. Eine einfachere Bewirtschaftung und Käseherstellung in einer dunklen Nische mit Rauchabzug durch den Dachgiebel ist wohl nur noch an wenigen Orten zu finden.
Der Trüttlisbergpass liegt an Rande eines faszinierenden Kalkkarrengebietes mit den typischen Bodeneinsenkungen und Löchern. Bevor man ins Turbachtal hinuntersticht, lohnt sich das Studium der gewaltigen Rundumsicht vom Eiger bis zu den Rochers de Naye.
Das Turbachtal zieht sich stark in die Länge, bietet aber mit dem Wintermatte-Beizli eine Verpflegungsmöglichkeit. Das Sunne-Stübli in Turbach pflegt das Traditionelle mit einer währschaften Holzstube. Der Panoramaweg oberhalb von Gstaad gibt Einblick in mondäne Chalets mit millionenteurer Aussicht auf Wildhorn und Les Diablerets.

Informationen zum Luchs

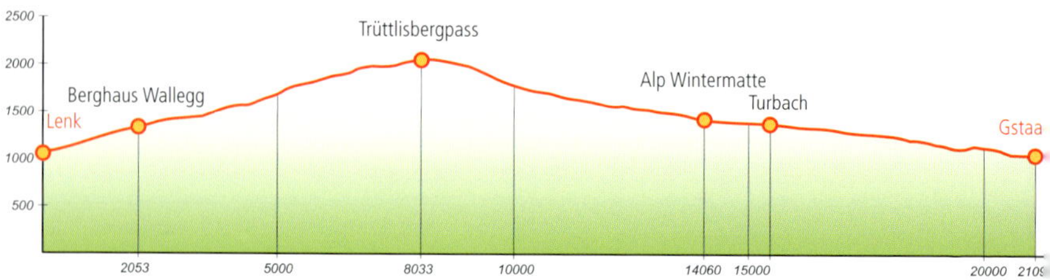

Auf dem Trüttlisbergpass

Wildstrubel, vom Trüttlisbergpass aus

Lenk		0:00		7 h 10 min
Berghaus Wallegg	0:45	0:45		21,1 km
Trüttlisbergpass	2:50	3:35		1140 m
Alp Wintermatte	1:45	5:20		1150 m
Turbach	0:40	6:00	365	schwer
Gstaad	1:10	7:10		263 T Wildstrubel

Wo Welten sich treffen

In Gstaad trifft die Welt auf Folklore. Die Parfümmeile bietet eine ausserordentliche Mischung von Coco Chanel und Biogas. Hier begegnen sich die alteingesessene Bäuerin und die Lady von Welt auf dem verkehrsfreien Dorfplatz. Das charmante Gstaad wächst enorm, und der sündhaft teuren Holzchalets werden immer mehr. Der Veranstaltungskalender gleicht jenem einer Grossstadt.

Entlang der Egglibahn, die nur im Winter betrieben wird, schlängelt sich der Weg in steilen Serpentinen in die Höhe. Im Berghaus Eggli kann der Kalorienspeicher wieder aufgefüllt werden. Der ausgedehnte Grat mit dem kargen Baumbewuchs wird auf ausgetretenen Pfaden begangen. Am nördlichen Horizont dominiert der felsige Vanil Noir.

Eggli

Nach sanften Alpen kommt man zum «Wilde Bode». Dieser durchlöcherte Kalkboden, ausgesetzt und wild bewachsen, wird seinem Namen völlig gerecht. Leitern und ein sehr schmales Weglein überwinden diesen Abenteuerabschnitt.

Der Col de Jable bildet die Sprachgrenze und führt in die französische Schweiz. Bald trifft man auf die erste Alp mit einem grossen Schindeldach und speziellem

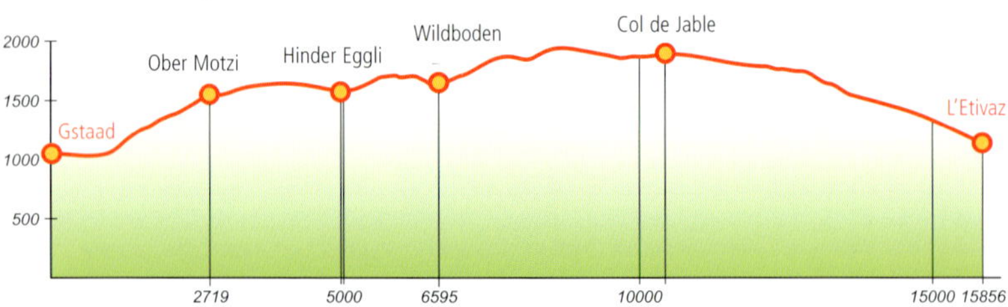

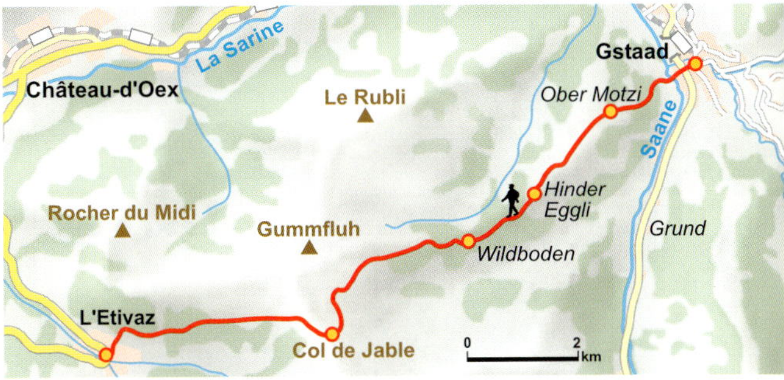

Alp Gros Jable

Les Salaires

Schindelkamin. Hier geht's sehr traditionell zu und her. Der L'Etivaz AOC Vollfett-Hartkäse wird vom starken Älpler in einem grossen Kupferchessi über dem offenen Feuer hergestellt. Älpler auf 125 weiteren Alpen rund um L'Etivaz produzieren 320 Tonnen Käse auf die gleiche Weise. Nach einem steilen Abstieg kommt man schliesslich ins kleine Dorf, das durch eben diesen Käse weltberühmt wurde.

Gstaad		0:00	218	4 h 25 min
Ober Motzi	0:35	0:35		15,9 km
Hinder Eggli	0:10	0:45		1250 m
Wildboden	0:35	1:20		1165 m
Col de Jable	1:15	2:35		schwer
L'Etivaz	1:50	4:25		263 T Wildstrubel, 262 T Rochers de Naye

WAADT

«Wir setzten uns vor der kühlen Luft in Schutz hinter Felsen, liessen uns von der Sonne bescheinen, das Essen und Trinken schmeckte trefflich. Wir sahen dem Nebel zu, der sich nach und nach verzog, jeder entdeckte etwas, oder glaubte etwas zu entdecken. Wir sahen nach und nach Lausanne mit allen Gartenhäusern umher, Vevey und das Schloss von Chillon ganz deutlich, das Gebirg, das uns den Eingang vom Wallis verdeckte, bis in den See …» Schon Johann Wolfgang von Goethe war von der Aussicht über den Genfersee begeistert, als er im Jahr 1779 während seiner Schweizer Reise auf den Gipfel der Dôle stieg.

Das Genferseegebiet ist eine landschaftlich abwechslungsreiche Region. Seen mit palmengesäumten Ufern kontrastieren mit schneebedeckten Bergen und ursprünglichen Wäldern. Beliebte Wanderziele sind die Gletscherwelt der Diablerets, der Gipfel La Berneuse mit dem Drehrestaurant «Le Kuklos» oder die Rochers de Naye mit perfektem Überblick über den Genfersee. Panoramazüge, Drahtseil- und Zahnradbahnen sorgen für bequeme Aufstiege. Und auch

in unterirdische Welten kann man vordringen. Die Tropfsteinhöhlen von Orbe gehören zu den schönsten in Europa, und im Salzbergwerk von Bex wird noch heute das «weisse Gold» abgebaut.
Eine Zeitreise ist das Eintauchen in die geschichtsträchtigen Städte. Noviodunum, Nyon, besitzt wertvolle Überreste aus der Römerzeit, und in Rolles und Morges stehen Schlösser aus dem 13. bis 15. Jahrhundert. Die alten Römer wussten schon vor Jahrhunderten die Thermalbäder von Yverdon-les-Bains zu schätzen. Rund 50 Museen nehmen die Besucher mit auf eine Reise in die Vergangenheit und Gegenwart, vom Olympischen Museum in Lausanne bis zum Uhrenmuseum im Vallée de Joux.
Im Jahre 2007 wurde die herrliche Terrassenlandschaft des Weinbaugebietes Lavaux ins Weltkulturerbe der Unesco aufgenommen. Die Rebwanderwege sind eine Entdeckungsreise durch eine von Menschenhand geschaffene Kulturlandschaft. Heimelige Weinkeller und Restaurants laden zum Degustieren ein, man geniesst örtliche Spezialitäten wie Waadtländer Saucisson, Kohlwurst oder Käsegerichte. Überhaupt, das Wandern: Wo nur beginnen? Die ViaJacobi, die ViaFrancigena, die Via Alpina, der Alpenpanoramaweg, der Jura-Höhenweg und der Alpenpässeweg kommen hier vorbei, und auch so manche Highlight-Route verspricht exklusiven Wandergenuss.
Vielleicht beginnt man einfach mit dem Uferweg zwischen Montreux und Vevey auf den Spuren berühmter Gäste. Denn nicht nur Johann Wolfgang von Goethe fühlte sich wohl am Genfersee. Lord Byron inspirierte das Schloss Chillon zu seinem Gedicht «Der Gefangene von Chillon», und an der Seepromenade flanierten unter anderem schon Ernest Hemingway, Rainer Maria Rilke und Leo Tolstoi, Fjodor Dostojewski, Victor Hugo und Sissi, die Kaiserin von Österreich. In Vevey steht die Statue von Charlie Chaplin und in Montreux jene von Freddie Mercury. «This could be heaven», sang er einmal. Da muss er wohl die Genferseeregion gemeint haben …

Moor und mehr …

Ein Restaurant, wenige verstreute Häuser – das ist L'Etivaz. Doch hier, beinahe am Ende der Welt, findet man das moderne Verwaltungs-, Kultur-, Tourismus- und Verkaufszentrum für den L'Etivaz AOC, der im Sommer auf den umliegenden Alpen hergestellt wird. 22 000 Laibe Käse lagern hier und werden bis nach Paris und New York verkauft; im Schaukäselager wird eine Multivisionsvorführung gezeigt. Einige Kühe, die für diesen Käse zuständig sind, bestaunen den Wanderer entlang dem Moorgebiet nach La Lécherette. Im Restaurant Lécherette sitzt man mit Rad- und Motorradfahrern am selben Tisch. Sanft gewellte Alpen bestimmen die Topografie rund um den einsamen Hongrin-Stausee. Mont d'Or, Tour d'Aï, Pointe d'Aveneyre und Rochers de Naye bilden zusammen mit dem Lac de l'Hongrin ein atemberaubendes Panorama von der Höhenstrasse. Schweine, Ziegen und Kühe im gemeinsamen Schlaflager ergeben originelle Fotosujets.
Das steile Gelände nach dem Übergang Linderrey ist schwierig zu bewirtschaften, wie die zerfallenen Überreste einer Alphütte beweisen. Die vernichteten Höhenmeter gewinnt man beim abwechslungsreichen Aufstieg zu den markanten Rochers de Naye wieder zurück.

Alp La Vuichoude d'en Bas

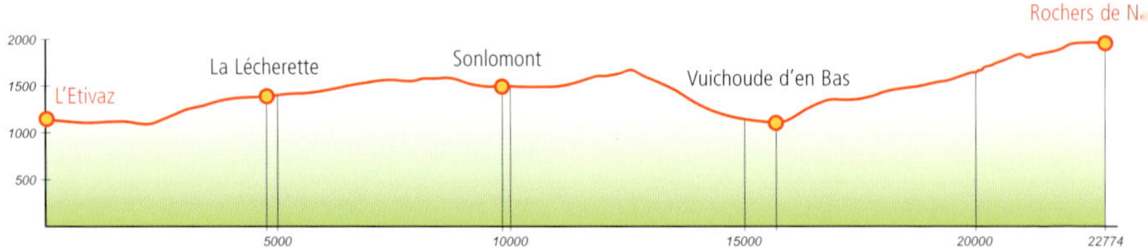

Aufstieg zum Col de Chaude

Der Südgrat der Rochers de Naye

Der schmale Aufstieg ab dem Col de Chaude in den steilen Grashängen und der folgende Grat auf 2000 Meter Höhe öffnen den Blick zum Genfersee vom Eiger bis zum Montblanc. Trutzige Felsen begrenzen die Rochers de Naye auf seiner Südseite, doch der Zugang ist gut angelegt und einfach. Eine aussergewöhnliche Übernachtungsmöglichkeit bieten sechs mongolische Jurten mit Vollausstattung bei der Bergstation.

L'Etivaz		0:00	9 h
La Lécherette	1:45	1:45	22,8 km
Sonlomont	1:35	3:20	1810 m
Vuichoude d'en Bas	2:10	5:30	995 m
Rochers de Naye	3:30	9:00	schwer
			262 T Rochers de Naye

Faszinierende Gratwanderungen

Es ist ein unglaublich erhabenes Gefühl, vom Top-Aussichtsberg Rochers de Naye auf die zurückgelegte Strecke zu blicken. Hunderte Zacken und Gipfel heben sich vom Horizont ab, und der Genfersee mit seinen mondänen Gestaden liegt friedlich unter dem Morgendunst. In den Murmeltiergehegen lassen sich die sonst scheuen Tiere streicheln. Ein Pflanzengarten gibt zudem Einblick in die vielseitige Alpenflora. Das faszinierende Felsenrestaurant auf der Nordseite des Berges ist durch einen Tunnel mit der Bahnstation verbunden. Hier können auch gebrechliche Menschen von einer Terrasse aus Montreux und die steil abfallenden Felsen der Rochers du Naye bewundern.

Alp Sautodoz

Der Weg in westlicher Richtung, entlang dem steilen Südhang und einem weiteren Grat, ist ein letztes absolutes Highlight der Via Alpina. Dann folgt ein in eine Kalkfelswand gehauener Abschnitt mit schwindelerregenden Tiefblicken, jedoch breit und durch

Rochers de Naye, Westgrat

ein massives Holzgeländer gut gesichert. Bei Liboson d'en Haut steht ein in eine Marmorplatte eingeritztes Panorama, das dem Interessierten die Savoyer Alpen erklärt. In Caux befindet sich die weit herum sicht-

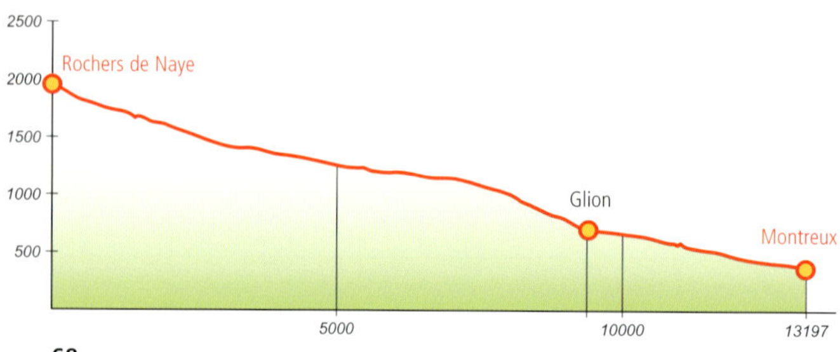

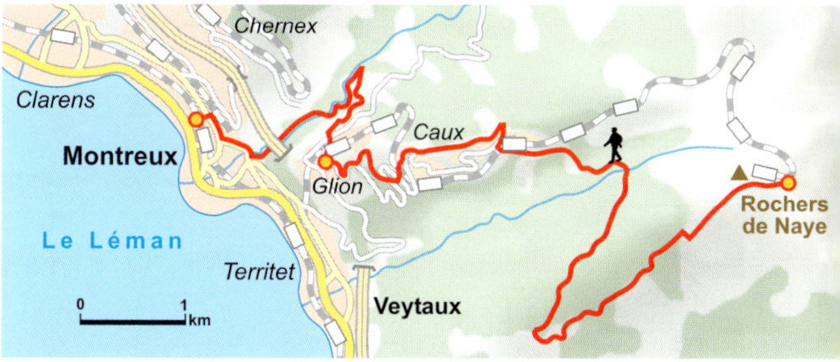

Hotelmanagerschule in Caux

bare, alles überragende Swiss Hotel Management Schule in ihrem «Schloss», einem verspielten Jugendstilgebäude mit mehreren Türmen aus der touristischen Blütezeit des 19. Jahrhunderts. Montreux profitiert von einem mediterranen Klima. Viele berühmte und gutbetuchte Gäste wissen dies zu schätzen. Die Jazzstadt bietet First-Class-Hotels, Konzertsäle, den Hauch von B. B. King, Freddie Mercury oder Miles Davis und eine endlose Flaniermeile.

Rochers de Naye		0:00	219	4 h 55 min
Glion	3:25	3:25		13,2 km
Montreux	1:30	4:55		295 m
				1880 m
				mittel
				262 T Rochers de Naye

BeeTagg-Liste

Die Erläuterungen zu den BeeTaggs finden Sie auf Seite 14–15.

LAND
Vaduz
Sargans
120006

LAND
Sargans
Weisstannen
120016

LAND
Weisstannen
Elm
120026

LAND
Elm
Linthal
120036

LAND
Linthal
Urner Boden
120046

LAND
Urner Boden
Altdorf UR
120056

LAND
Altdorf UR
Engelberg
120066

LAND
Engelberg
Engstlenalp
120076

LAND
Engstlenalp
Meiringen
120086

LAND
Meiringen
Grindelwald
120096

LAND
Grindelwald
Lauterbrunnen
120106

LAND
Lauterbrunnen
Griesalp
120116

LAND
Griesalp
Kandersteg
120126

LAND
Kandersteg
Adelboden
120136

LAND
Adelboden
Lenk
120146

LAND
Lenk
Gstaad
120156

LAND
Gstaad
L'Etivaz
120166

LAND
L'Etivaz
Rochers de Naye
120176

LAND
Rochers de Naye
Montreux
120186

Raus. Aber richtig.
Gratis Handbuch
www.transa.ch
044 278 90 40
Transa Travel- & Outdoor-Läden:
Aeschengraben 13, 4051 Basel
Aarbergergasse 21, 3011 Bern
Pfistergasse 23, 6003 Luzern
Bahnhofstrasse 10, 9000 St. Gallen
Pionierpark, Zürcherstrasse 7, 8400 Winterthur
Josefstrasse 59, 8005 Zürich
www.transa.ch
www.transashop.ch
TRANSA
Raus. Aber richtig.

LOWA
simply more...
DIE SCHÖNSTEN WEGE DER WELT
WÄHLT MAN NICHT WEIL SIE BEQUEM SIND.
GUTE SCHUHE SCHON.
GORE-TEX
KHUMBU GTX MID | TREKKING
www.lowa.ch

Wanderland Schweiz

6 Führer zu den nationalen Routen sowie 3 Führer mit einer Auswahl der schönsten regionalen Highlights.
Alle 9 Führer sind mit Farbfotos, Karten und Höhenprofilen reich illustriert. Neben einem beschreibenden Text werden zu jeder Etappe alle praktischen Informationen vermittelt.

Via Alpina
Autor: Guido Gisler
ISBN 978-3-03800-368-7

Trans Swiss Trail
Autor: Luc Hagmann
ISBN 978-3-03800-369-4

Alpenpanoramaweg
Autor: Philipp Bachmann
ISBN 978-3-03800-370-0

ViaJacobi
Autorin: Sabine Bolliger/ ViaStoria, Zentrum für Verkehrsgeschichte
ISBN 978-3-03800-371-7

Jura Höhenweg
Autor: Dominik Wunderlin
ISBN 978-3-03800-372-4

Alpenpässeweg
Autor: David Coulin
ISBN 978-3-03800-373-1

Highlights Kulturwege Schweiz
Autoren: Sandro Benedetti, Cornel Doswald, Andriu Maissen, Guy Schneider/ ViaStoria, Zentrum für Verkehrsgeschichte
ISBN 978-3-03800-374-8

Highlights West
Autor: Jochen Ihle
ISBN 978-3-03800-375-5

Highlights Ost
Autor: David Coulin
ISBN 978-3-03800-376-2

Alle Bücher zu Wanderland Schweiz und Kanuland Schweiz sind auch in französischer Sprache erhältlich bei Editions Rossolis, Bussigny (www.rossolis.ch).
Band 1, Via Alpina ist ebenfalls in Englisch erhältlich im AT Verlag
(ISBN 978-3-03800-405-9).

Aare Kanu und Highlights
Autor: Roman Steger, Matthias Rohner/ Schweizerischer Kanu-Verband
ISBN 978-3-03800-403-5